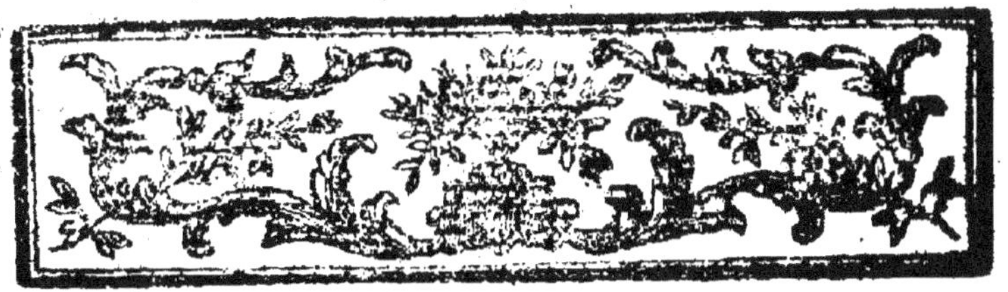

NOUVELLE
MÉTHODE
POUR APPRENDRE
LE PLAIN-CHANT
PARFAITEMENT,
ET EN PEU DE TEMPS,

Compofée fpécialement pour le Diocèfe de Rouen.

§. I. *De la Science du Plain-Chant.*

Toute la fcience du Plain-Chant confifte en ces quatre chofes.

1. Connoître parfaitement les notes.
2. Les entonner jufte.
3. Y joindre la lettre ou les paroles.
4. Enfin favoir chanter toutes fortes de pieces fur la même dominante, ce que l'on appelle chanter à l'uniffon.

A

§. II. *De la connoissance des Notes & des Clefs.*

IL y a sept notes dans le Chant, qui sont, *Ut, Re, Mi, Fa, Sol, La, Si.*

Pour connoître les notes, on se sert de certains caracteres qu'on appelle clefs ; il y en a de deux sortes dans le Plain-Chant, savoir, la clef d'*Ut*, & la clef de *Fa*.

La clef d'*Ut* est faite ainsi : Il faut nommer *Ut* la note qui est sur la ligne de la clef.

La clef de *Fa* est faite de cette maniere : La note qui est sur la ligne où est cette clef, s'appelle *Fa*.

La premiere de ces clefs peut être placée sur les quatre lignes.

La seconde ne doit être que sur la premiere & la seconde ligne d'en haut.

§. I I I. *De la valeur des Notes.*

UNe note seule ne renferme ni ton ni semi-ton ; ce n'est qu'un son. Pour faire un ton ou un semi-ton, il faut deux notes ; &, à proprement parler, ton ou semi-ton n'est autre chose que la distance d'une note à une autre note prochaine.

Cela supposé, il reste à savoir si la même différence qui se trouve entre une note & une autre note, par exemple, entre *ut*, *re*, se trouve également entre *re*, *mi*, entre *mi*, *fa*, &c. On va voir qu'il y a de la différence, & c'est à quoi il faut s'appliquer pour se former une juste idée des notes.

Entre *ut* & *re* il y a un ton plein : entre *re* & *mi*

un ton plein , *mi*, *fa*, n'eft qu'un demi-ton : *fa*, *fol*, un ton plein : *fol*, *la*, un ton : *la*, *fi*, un ton plein : de *fi* à *ut* pour recommencer l'octave, il n'y a qu'un demi-ton.

Un demi-ton s'appelle feconde mineure.

Un ton fe nomme feconde majeure.

Un efpace qui renferme trois notes, ou qui contient la diftance de trois notes, s'appelle Tierce ; il y en a de deux fortes ; la Tierce qui eft compofée de deux tons pleins, comme *ut*, *mi*, ou *fa*, *la*, s'appelle tierce majeure : celle qui n'eft compofée que d'un ton & d'un femi-ton, comme *re*, *fa*, ou *la*, *ut*, s'appelle tierce mineure.

Un efpace de quatre notes s'appelle Quarte, & elle doit être compofée de deux tons & d'un femi-ton, comme *ut*, *fa* : toute Quarte eft mineure, & doit renfermer un demi-ton. Les Quartes majeures telles qu'eft *fa*, *fi*, & qui confiftent en trois tons, ne font pas faifables, & l'oreille ne les peut fouffrir : on les appelle tritons.

Un efpace de cinq notes, comme *ut*, *fol*, ou *re*, *la*, en montant, s'appelle Quinte ; elle eft compofée de trois tons & d'un demi-ton : les Quintes, qui ne renferment que deux tons & deux femi-tons, ne font tolérables, fi elles ne font par degrés conjoints, parce qu'elles rentrent, à peu-près, dans les quartes majeures, & font prefque le triton : les quintes donc font majeures. De tous les intervalles, les quintes font les plus belles & les plus majeftueufes.

Les fixiemes font compofées de fix notes, ou renfermées dans l'efpace de fix notes. Il y en a de majeures & de mineures ; les fixiemes majeures contiennent quatre tons & un demi-ton, comme *ut*, *la*, en montant ; les mineures ne font compofées que de trois tons & deux demi-tons, comme *mi*, *ut* ; elles font toutes deux également bonnes.

A ij

Les feptiemes ne doivent point être d'ufage.

Les octaves font compofées de huit notes , &
contiennent cinq tons & deux demi-tons.

Le Plain-Chant n'eft compofé que de ces intervalles , qui font pour le répéter en deux mots ,

Semi ton , comme	*mi , fa.*
Ton ,	*fa , fol.*
Tierce mineure ,	*re , fa.*
Tierce majeure ,	*fa , la.*
Quarte ,	*fol , ut.*
Quinte ,	*re , la.*
Sixieme mineure ,	*mi , ut.*
Sixieme majeure ,	*ut , la.*
Octave ,	*ut , ut.*

§. IV. *Du* B mol *& du* B quarre.

IL fe rencontre fouvent , dans le Plain-Chant , deux
différentes figures , dont l'une s'appelle *B mol* ,
& voici la figure ⹏ , & l'autre fe nomme *B quarre* ,
& eft faite de cette maniere ⹏.

La force du *B mol* eft de changer la valeur de la
note qui fe trouve entre *re , fa* , & entre *la , ut* :
celle qui fe trouve entre *re , fa* , eft naturellement
un *mi ;* par conféquent diftante de *re* d'un ton plein ,
& de *fa* d'un demi-ton : celle qui fe trouve entre *la ,*
ut , eft naturellement un *fi* , diftante du *la* d'un ton , &
de l'*ut* d'un femi-ton feulement , comme nous l'avons
dit ci-deffus ; mais fi , vis-à-vis ces notes , il fe trouve un
B mol , ce qui s'appelloit auparavant *mi* , s'appellera
ma , & cette note fera diftante feulement d'un demi-
ton de *re* , & d'un ton plein de *fa* , & l'autre de même
que l'on appelloit *fi* , s'appellera *za* , éloignée d'un
femi-ton feulement de *la* , & d'un ton plein d'*ut*.

L'ufage du *B quarre* eft d'effacer *le B mol*, & de rendre les notes dans le même état qu'elles euffent été s'il n'y eût point eu de *B mol.* Jamais, par conféquent, il n'y a néceffité de mettre de *B quarre*, qu'il n'y ait auparavant un *Bmol*, Exemple :

Il fe trouve quantité d'endroits, fur-tout dans le Graduel, où il faut faire un *za* au lieu d'un *fi*, quoiqu'il n'y ait point de *B mol*, & c'eft lorfque le chant part du *fa* fans monter jufqu'à l'*ut*, ce qui, pour l'ordinaire, fe connoît affez : dans le doute, au refte, il vaut mieux faire un *za* qu'un *fi*, le *za* étant beaucoup plus doux.

Regle générale, c'eft que, dans les pieces qui font notées par la clef de *fa*, il faut toujours faire un *za* en haut, au-deffus de la clef, quoiqu'il n'y ait point de *B mol;* on n'a pas jugé à propos d'y en mettre, fur-tout dans l'Antiphonaire, ni dans le Proceffional, puifque c'eft une regle qui ne fouffre aucune exception.

Il y a des pieces où le *B mol* fur le *fi* eft naturel, telles font ordinairement les pieces du cinquieme & du fixieme ton ; dans les autres, il n'eft qu'accidentel. Le *B mol* s'efface par le *B quarre:* c'eft ainfi du moins qu'on l'a fait dans l'Antiphonaire & le Proceffional, & on en connoîtra l'utilité.

Le *B mol* ne fe mettoit autrefois que fur le *fi*, il n'eft encore qu'en cet endroit dans le Graduel ; mais par quelle raifon ne le pas mettre également fur le *mi* ? le *mi* ne peut-il pas être fufceptible de chan-

gement auffi-bien que le *fi* ? On l'a donc fait , & on
a efpéré qu'on ne le trouvera pas mauvais : par-là on
évite les tranfpofitions qui , affez fouvent, ne fe fai-
foient que par cette raifon ; on l'a fait , & , en cela ,
on s'eft conformé à l'ufage de la premiere Eglife
du Royaume fur les traces de laquelle on a cru que
l'on pouvoit marcher à couvert de toute cenfure.

C'eft encore, en fuivant le même exemple , que
l'on a jugé à propos d'ajouter une cinquieme corde ,
tant en haut qu'en bas , pour éviter de changer de
clef à chaque inftant, &, par-là , rendre le chant plus
facile. Si , dans les commencements , on y trouve
quelque chofe d'étrange ; c'eft qu'on n'y eft pas fait ;
pour peu que l'on foit judicieux , on ne trouvera
en cela rien de choquant.

On s'eft encore fervi de Diefes dans l'Antiphonaire & le Proceffionnaire ; voici leur figure ⚹ ; elles
fervent à adoucir la note vis-à-vis laquelle elles
font placées ; on ne fait qu'un demi-ton fur cette
note ; elles font quelquefois néceffaires ; par exemple, quand le chant part du *fi* & tombe jufqu'au *fa* ,
alors, pour éviter le triton, on met une Diefe fur
le *fa* , ce qui forme une quarte réguliere : quelquefois elles ne font que pour adoucir le chant de certains endroits , qui , faute de cela , feroit trop rude.
Quoique leur figure ne nous fût pas connue auparavant , on ne laiffoit pas d'en faire réellement en
bien des endroits où le chant le demandoit , & où
on les faifoit naturellement.

Dans la note , on a jugé à propos de ne mettre
des lignes ou barres fimples qu'aux ponctuations ; &
on a cru que les mots feroient affez diftingués par
les liaifons qui uniffent enfemble les fyllabes , dont
les mots font compofés , en cela , on a fuivi le Graduel de Paris , qu'on peut appeller un Ouvrage parfait.

Exemple de ce qui a été dit ci-deſſus.

Ut, re, mi, fa, ſol, la, ſi, ut.   Ut, ſi, la, ſol, fa, mi, re, ut.

Octave de ſuite avec le B mol *ſur le ſi.*

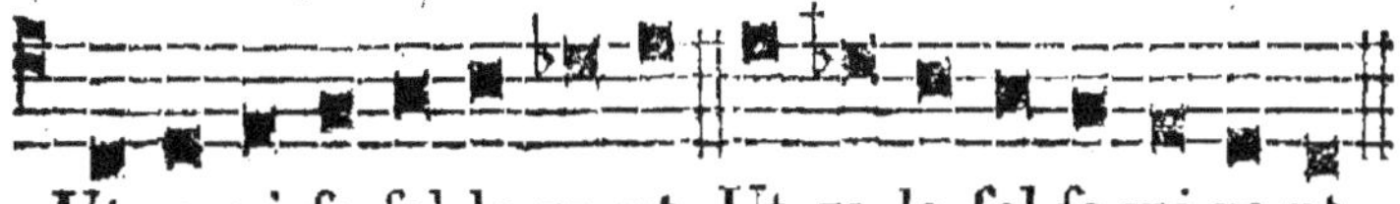

Ut, re, mi, fa, ſol, la, za, ut.   Ut, za, la, ſol, fa, mi, re, ut.

On ne met point d'octave avec le *B mol* ſur le *mi*, parce qu'il ſe trouve plus rarement, & ſeulement dans les endroits où il eſt tres-naturel.

Quartes en
descendant.
Quintes en
montant.
Quintes en
descendant.
Tier-
ces.
Quar-
tes.
Quin-
tes.
Intervalles de
toutes façons.

NOUVELLE MÉTHODE

POUR APPRENDRE

LE PLAIN-CHANT

PARFAITEMENT,

ET EN PEU DE TEMPS,

Compofée fpécialement pour le Diocèfe de Rouen, conforme aux nouveaux Livres de Chant, dans laquelle fe trouvent notées les Profes & Hymnes nouvelles.

A ROUEN,

Chez veuve TRENCHARD-BEHOURT, Imprimeur-Libraire, rue du Petit-Puits, n°. 25.

M. DCCC. XVII.

PERMISSION.

ÉTIENNE-HUBERT CAMBACÉRÈS, par la permission divine, Cardinal-Prêtre de la Sainte Eglise Romaine du Titre de Saint-Etienne *in monte Cœlio*, Archevêque de Rouen;

Vu la Requête à nous présentée par la dame veuve TRENCHARD-BEHOURT, Imprimeur-Libraire à Rouen, rue du Petit-Puits, n°. 23, aux fins d'obtenir notre Permission d'imprimer un Livre ayant pour titre : *Nouvelle Méthode pour apprendre le Plain-Chant*, à l'usage de notre Diocèse.

Nous permettons à ladite dame veuve TRENCHARD-BEHOURT d'imprimer ledit Ouvrage, à la charge d'en faire corriger les épreuves par un de nos Vicaires-Généraux, & d'imprimer, en tête ou à la fin de chaque exemplaire, la présente Permission.

Donné à Rouen, sous notre Seing, le Sceau de nos Armes & le contre-Seing de notre Secrétaire, le 30 Mai 1816.

† Le Cardinal CAMBACÉRÈS, Archevêque de Rouen.

Par *SON EMINENCE*,

Signé, CHEVANNE.

Il y a trois fortes de notes , longue, moyenne,
& breve , dont voici la figure.

longue , moyenne , breve.

Les notes longues doivent avoir trois temps , les
moyennes deux, & les breves n'en doivent avoir
qu'un.

Le chant , comme nous venons de le dire , n'é-
tant compofé que de ces différents intervalles , il eft
évident que celui-là poffèderoit parfaitement fon
chant, qui auroit une idée jufte & précife des femi-
tons, des tons, des tierces, *&c.* La vraie maniere
donc d'apprendre le chant, eft de s'appliquer à con-
cevoir cette idée jufte , & c'eft à quoi on ne penfe
pas affez.

Qu'il y ait peu de perfonnes qui aient une idée
jufte d'un ton, par exemple , ou d'une tierce, le
fait eft notoire. L'efpace du *za* à *ut* eft d'un ton ;
quelle difficulté n'y trouve-t-on pas ? du *za* à *re* en

montant, ou de *re* à *za* en deſcendant, il y a une
tierce majeure ; la trouvé-t-on aiſée à faire ? n'é-
choue-t-on pas toutes les fois qu'il ſe trouve une pa-
reille tierce ? preuve certaine qu'on n'a pas une véritable idée des tons, des tierces, *&c.* Pour donner
cette idée juſte des tons & autres intervalles, il
faudroit, après avoir appris à ſolfier, apprendre à
faire un ton, ſemi-ton, tierce majeure, tierce mineure, *&c.* ſans le ſecours des notes mêmes. Je m'ex-
plique Il n'y a perſonne qui ne ſache faire un ton
plein, quand il fait *ut*, *re*, une tierce majeure
quand il fait *fa*, *la* ; en eſt-on plus habile ? non :
ce ſont les notes qui entraînent & qui font faire ce
ton, cette tierce, *&c.* Ce n'eſt donc point par ſcience
qu'on le fait · ſi ce n'eſt point par ſcience qu'on le
fait, ſûrement, quand on chantera la lettre, on ſe
trompera ; &, au lieu d'un ton, on fera ou un ſemi-
ton, ou une tierce ; au lieu d'une tierce majeure,
on en fera une mineure, ou une quarte, *&c.* Il faudroit dépouiller les tons de leurs notes ordinaires,
& apprendre à les faire ſous des ſyllabes auxquel-
les on n'a fixé aucune idée. Par exemple, ſous *la*
& *la* faire un ton plein, une tierce, *&c.* Il eſt certain que ſi entre *la* & *la* , ou telles autres ſyllabes
qu'on jugeroit à propos, on ſavoit faire la valeur
des différents intervalles, on ſauroit parfaitement
ſon chant, puiſque le chant ne conſiſte que dans
un tiſſu de tierces, de quartes, de tons, *&c.* que l'on
ne ſauroit faire par-là indépendamment des notes.

Vouloir apprendre le chant ſans ſe faire un point
capital de la valeur des notes & intervalles, c'eſt
perdre ſon temps ; cependant combien eſt-il ordinaire aujourd'hui de voir des gens qui, pour tout
principe, ſe laiſſent gouverner par la note : ils hauſ-
ſent quand elle hauſſe ; ils baiſſent quand elle baiſſe
ſans ſe mettre en peine de ſavoir combien au juſte

on doit hauffer & bailler ; fi ces perfonnes ne fe trompent pas à chaque note , & fi quelquefois elles fe trouvent juftes , n'eft-ce pas par pur hafard ?

Il faut, une bonne fois, fe faire une loi invariable de ne chanter que par principe ; avoir préfent , dans l'efprit , le ton de la note dont on chante la lettre : pour cela avoir toujours le livre devant les yeux , afin de fe fixer davantage. Mais nous aurons fujet de parler de ceci ailleurs.

§. V. *De l'application de la lettre aux Notes.*

1. A Vant que d'appliquer la lettre aux notes , ce qui s'appelle *chanter la lettre* , il faut s'être bien exercé à chanter la note , & avoir , à- peu-près, acquis la connoiffance de la valeur des intervalles ; favoir diftinguer le ton du femi-ton ; la tierce de la quarte , *&c.* chanter enfin la note d'une manière aifée & courante ; il faut avoir foin , fur-tout , d'éviter ce défaut trop ordinaire , qui eft de chanter la lettre auffi-tôt qu'on connoît la note , ce qui ne peut faire qu'un très-mauvais effet. Pour chanter la lettre , il faut avoir , dans fon efprit , l'idée de la note dont on chante la lettre ; & , on ne fauroit trop le répéter , cela eft effentiel : or , comment avoir préfent , dans fon efprit , la valeur des notes & des intervalles , fi on ne s'eft exercé à chanter la note , à fe la rendre familiere , & à s'en former une idée jufte ?

2. Ceux qui commencent à chanter la lettre doivent aller très-doucement , afin d'avoir le temps de trouver la valeur de chaque note ; c'eft l'unique moyen de fe foutenir dans les commencements : fi on s'apperçoit de quelqu'erreur , il faut avoir recours à la note , la chanter avant que de commencer l'endroit où l'on s'eft trompé.

3. Il faut s'accoutumer de bonne heure à chan-

ter à notes égales ; rien n'eft plus contre le bon ordre, que d'aller par bonds & en fautant. Il fe trouve des perfonnes qui favent paffablement le Plain-Chant, mais qui, faute de vouloir s'aftreindre à cette regle, caufent une cacophonie étonnante; pour cela, il eft néceffaire d'écouter comment les autres chantent, fur-tout fi on n'eft pas fort au fait du chant, afin de les fuivre & garder, avec eux, l'uniformité, ce qui s'appelle *chanter de l'oreille*.

4. Il eft important encore, fur-tout lorfqu'on chante avec plufieurs perfonnes, d'éviter les tremblements & les fredons, parce que les autres, qui n'en font point avertis, n'en faifant pas, ne fe rencontreront plus juftes : les uns iront devant, les autres après, ce qui ôte toute l'harmonie du chant, laquelle confifte principalement dans l'accord & l'union des voix les unes avec les autres ; & il eft indubitable qu'une piece, qui n'eft que paffable, fera incomparablement plus belle, fi elle eft chantée avec poids & mefure, qu'une magnifique, mais qui feroit chantée mal-proprement, & par des voix qui ne s'accordent point : au refte on ne prétend point, par-là, condamner les tremblements, les fredons, ni les cadences qui font fi agréables & fi propres à toucher les cœurs, quand ils font faits par une voix feule ; on dit feulement qu'il ne convient point d'en faire quand on chante avec d'autres perfonnes, pour la raifon que nous venons de dire.

5. On a obfervé réguliérement, fur-tout dans l'Antiphonaire & le Proceffional, de faire breve la fyllabe qui eft devant un monofyllabe, quand le monofyllabe fe rapporte à ce qui précede ; quand il ne s'y rapporte pas, on n'y a aucun égard : cette regle, qu'on s'eft prefcrite, engage à une chofe qui paroîtra peut-être irréguliere à plufieurs perfonnes, parce que, jufqu'à préfent, elle a été inufitée dans ce Dio-

cèfe ; mais on y fera bientôt fait , & cela ne femblera étrange que dans les commencements ; voici donc à quoi cela oblige : c'eft qu'il faut fouvent faire breve une fyllabe qui eft longue dans fa prononciation , & longue une autre fyllabe qui eft breve ; par exemple , *Dominus eft* , fe prononcera de cette maniere , *mi* fera long , & *nus* fera bref , à caufe du monofyllabe.

6. Il faut faire longue celle qui précede la derniere d'une piece ; & , fi cette pénultieme étoit breve , il faudroit faire longue l'antépénultieme ; aufli eft-elle toujours marquée d'une double note : quoiqu'il n'y ait qu'une note fur la pénultieme dans l'intonation , foit des Antiennes , des Répons ou des Pfeaumes , elle doit être cependant également longue. Il faut , par conféquent , pofer long-temps deffus.

7. Il faut éviter de fe repofer au milieu d'un mot quand on a pu le faire au commencement, ou qu'on peut aller facilement jufqu'à la fin : c'eft un défaut auquel bien des perfonnes font fujettes, de fe repofer prefque toujours au milieu d'un mot , fans faire attention que le repos eft bien mieux placé au commencement ou à la fin, qu'au milieu : la chofe parle d'elle-même.

8. La vraie maniere de bien chanter , eft de chanter d'une voix naturelle ; elle eft toujours plus flexible & plus agréable qu'une voix forcée.

Voici quelques pieces de chant, avec lefquelles pourront s'exercer les Commençants : on a choifi de celles qui font plus en ufage , afin qu'on pût les mieux favoir.

Répons du 8. Ton.

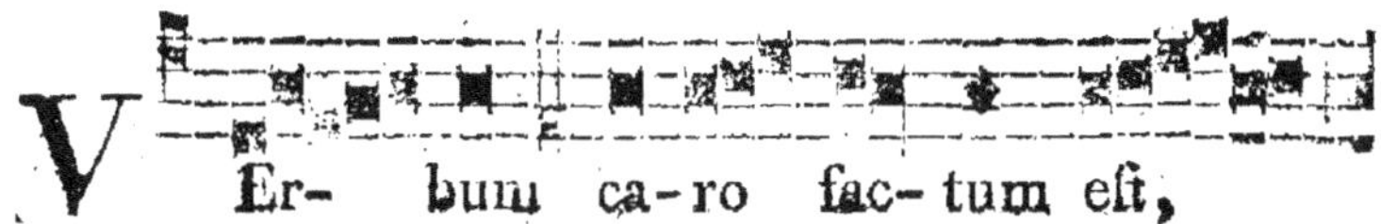

Répon. du 1. Ton.

&] car- ce-res : la-pi-da- ti funt, fec-
ti funt, tenta- ti funt, in oc-ci- fi-o-
ne gla-di- i mor- tu- i funt, * Cir·cu-i-
e- runt e- gen-tes , anguf-ti- a-
ti , af-flic- ti , quibus di- gnus non
e- rat mun- dus. ℣. De- us ten-ta-
vit e- os , & in·ve·nit il- los di- gnos
fe. * Cir·cu- i- e- runt.
Répons du 6. Ton. S Tel- la quam vi-
de- rant in o- ri- en- te , an-te-ce-

Répons du 2. Ton.

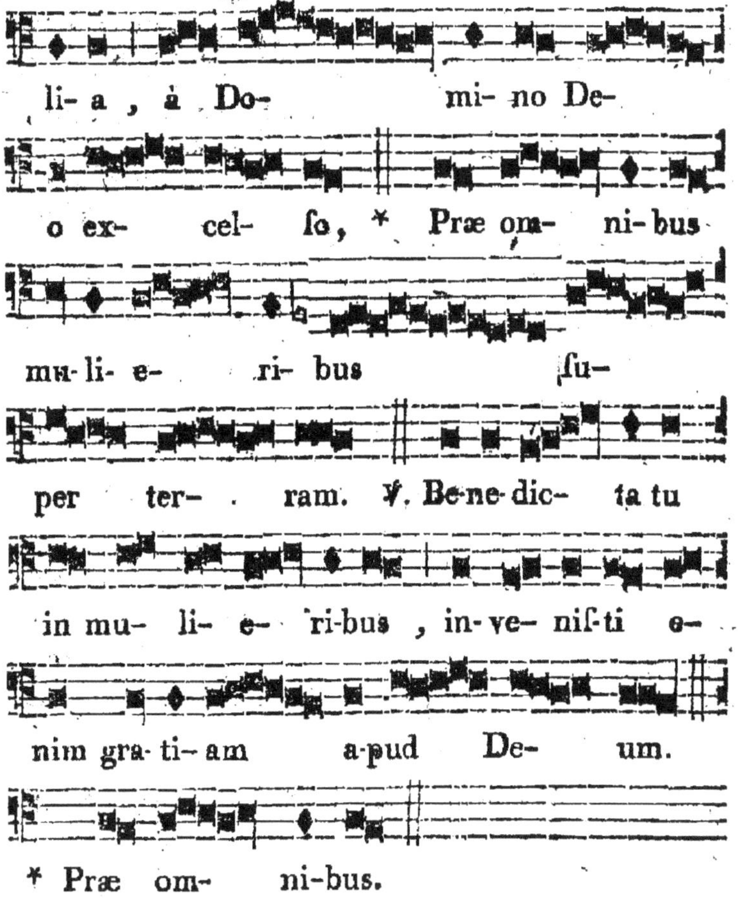

li- a , à Do- mi- no De-
o ex- cel- ſo, * Præ om- ni- bus
mu-li- e- ri- bus ſu-
per ter- ram. ℣. Be-ne-dic- ta tu
in mu- li- e- ri-bus , in-ve- niſ-ti e-
nim gra-ti-am a-pud De- um.
* Præ om- ni-bus.

Répons du 6 Ton.

HO- mo qui-dam fe- cit cœ-nam ma-
gnam , & mi- ſit ſer-vum ſu- um ho- râ

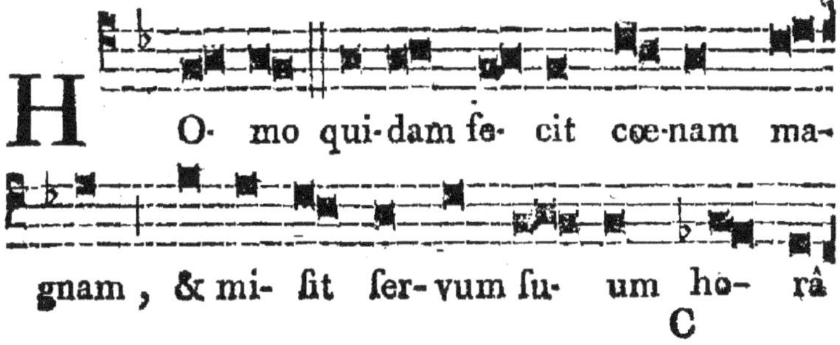

§. V I. *Des Tons en général.*

LE Chant fe gouverne par les regles des Tons ;
mais, avant que d'en parler, il faut favoir ce
que c'eft que ton , combien il y a de tons , &
quelles font les regles par lefquelles on peut connoître chaque ton. Le mot de ton fe prend en trois
façons différentes.

1. Il fe prend pour voix ou fon ; en ce fens on
dit : *Prenez à mon ton*, c'eft-à-dire, à même voix
que moi.

2. Pour la diftance ou l'intervalle d'une note à
une autre note, & c'eft fa véritable fignification.

3. Pour mode, façon, maniere dont les pieces font compofées, & par où l'on diftingue un chant d'avec un autre, & c'eft en ce fens que nous entendons ici le terme de ton, dont nous allons prefcrire les regles.

---

§. VII. *Des Huit Tons.*

TOut le chant fe réduit à huit tons, qui fe connoiffent par la finale & par la dominante.

La finale eft celle qui termine ce que l'on chante dans un Répons ; c'eft la derniere note du corps du Répons, celle qui précede le Verfet.

La dominante eft celle fur laquelle & autour de laquelle le chant infifte particuliérement, & à laquelle les autres notes femblent vouloir toujours retourner.

Il n'y a que quatre finales qui font *re*, *mi*, *fa*, *fol* ; *re* eft la finale du premier & du fecond ton ; *mi* du trois & du quatre ; *fa* du cinq & du fix ; *fol* du fept & du huitieme ton.

Il n'y a pas davantage de dominantes ; les voici : *fa*, *la*, *ut* & *re* ; *fa* eft la dominante du fecond ton ; *la* du premier, du quatre & du fixieme ; *ut* du trois, cinq & huitieme ; & *re* eft la dominante du feptieme ; on les répete ici, pour les apprendre plus facilement.

Un, *re*, *la* ; deux, *re*, *fa* ; trois, *mi*, *ut* ; quatre, *mi*, *la*.

Cinq, *fa*, *ut* ; fix, *fa*, *la* ; fept, *fol*, *re* ; huit *fol*, *ut*.

Les tons pairs, qu'on appelle *plagaux*, tels que font le fecond, le quatrieme, *&c.* ne doivent monter qu'une quarte au-deffus de leur dominante, & peuvent defcendre jufqu'à la quarte, & quelquefois la quinte au-deffous de leur finale.

Les tons impairs, appellés *authentiques*, peuvent monter à la quinte au-deſſus de leur dominante, & ne doivent deſcendre qu'une tierce au-deſſous de leur finale.

Avec ces regles, il eſt facile de connoître de quel ton eſt une piece de chant : ſi elle a *re* pour finale, & qu'elle deſcende juſqu'à la quarte au-deſſous de cette finale, ſans monter plus que la tierce ou la quarte au-deſſus de ſa dominante, c'eſt une preuve inconteſtable qu'elle eſt du ſecond ton.

Pour ce qui eſt des Antiennes, qui ſont ſuivies de la finale ou terminaiſon du Pſeaume, déſignées communément par *E u o u a e*, il n'y a aucune difficulté, puiſque la premiere note de cette finale eſt toujours la dominante, ſi on excepte le premier irrégulier, & le ſix irrégulier, dont la finale ou terminaiſon commence par *ſol*, quoique leur dominante ſoit *la*.

Par rapport aux Antiennes & aux Répons, il ne peut y avoir de difficulté non plus, puiſque le ton y eſt marqué ; on ne l'a point marqué de même aux Invitatoires & aux Hymnes : pour le trouver, on aura recours, auſſi-bien que pour les pieces du Graduel, aux regles que nous venons de donner.

Une autre regle pour l'Antiphonaire & le Proceſſional eſt d'avoir égard aux clefs : la clef d'*ut* ſur la premiere ligne d'en haut ſert pour le 1er, 3, 4, 6 & 8 ton ; la même clef ſur la ſeconde ligne d'en haut, pour le 4 irrégulier, le 5 & le 7, & la clef de *fa*, ne ſert que pour le ſecond ton. Cette regle, que l'on s'eſt preſcrite pour l'Antiphonaire a été aſſez ſuivie, ſi on en excepte deux ou trois Antiennes du commencement du Livre, & les deux Hymnes du Dimanche *in albis*, qui ſont du huitieme ton, quoiqu'elles ſoient notées par la clef d'*ut* ſur la ſeconde ligne.

Avec cette regle , j'examine un Répons , par exemple , dont le *fa* eſt la finale : je fais dès-là qu'il eſt du cinq ou du ſixieme ton ; mais j'ignore duquel des deux il eſt préciſément ; je vois que *la* pourroit être dominante, mais qu'*ut* peut l'être auſſi ; je conſulte la clef , je trouve qu'elle eſt ſur la premiere ligne d'en haut : c'eſt donc un ſixieme ton , me dis-je, & la concluſion eſt bonne : c'eſt ainſi qu'on en peut juger dans l'Antiphonaire & le Proceſſional ; il auroit été à ſouhaiter qu'on eût auſſi obſervé cette regle dans le Graduel.

§. VIII. *Élévations , Médiations & Terminaiſons des Pſeaumes & Cantiques évangéliques , ſelon les huit Tons.*

IL y a trois choſes à obſerver dans les huit tons, ſur les Pſeaumes & Cantiques: l'intonation, la médiation & la terminaiſon.

L'intonation , impoſition ou élévation , eſt le chant du commencement d'un Pſeaume ou Cantique.

La médiation eſt une certaine compoſition de chant qui précede une pauſe qui ſe fait au milieu de chaque verſet des Pſeaumes & Cantiques , & qui ne doit jamais être omiſe.

La terminaiſon eſt la maniere de finir les verſets du Pſeaume ou Cantique : elle eſt ordinairement déſignée par *E u o u a e* , qui marquent les voyelles de *Seculorum , Amen* , qui eſt à la fin de chaque Pſeaume.

Il faut ſavoir , pour tous les huit tons, que l'on chante ſeulement le premier verſet avec ſon intonation ou élévation dans tous les Pſeaumes & Cantiques , & que tous les autres verſets ſuivants ſe commencent droit par la dominante , excepté les trois

Cantiques évangéliques , *Benedictus* , à Laudes , *Magnificat* , à Vêpres , & *Nunc dimittis* , à Complies ; car , en ces trois Cantiques , on répete toujours la même élévation qu'au premier verſet. On en donnera des exemples , afin qu'on ne s'y trompe pas.

Il faudra prendre garde auſſi aux médiations de ces trois Cantiques évangéliques , leſquelles , dans la plupart des tons , ſont différentes de la médiation des Pſeaumes.

Les Pſeaumes , dont les premiers mots ſont les mêmes que ceux de leurs Antiennes , ſe còntinuent ſur la dominante ſans intonation. Il n'en eſt pas de même des Cantiques évangéliques ; ils s'élevent de même que ſi l'Antienne n'étoit pas le commencement du Cantique même.

Le premier ton irrégulier ne mérite ce nom , que parce que le Pſeaume ſe chante différemment de l'autre premier. Pour la finale & dominante , elles ſont les mêmes que celles du régulier. Ce ton étoit ci-devant le huit irrégulier ; c'eſt avec raiſon qu'on l'a rendu du premier , puiſque la dominante étoit *la.* On a ſuivi encore , en ceci , l'uſage de Paris.

Il faut encore ſavoir que ces tons ont des fins différentes , quoiqu'ils n'aient preſque tous qu'une élévation & médiation ; je dis preſque tous , parce que le ſixieme s'éleve différemment , & ſa médiation eſt auſſi différente. Nous verrons que ces différentes terminaiſons ſe tirent des différentes manieres dont ſe commencent les Antiennes.

La différence des terminaiſons ſe marque par les lettres de l'alphabet , a , b , c , d , e , f , g , & ces lettres ſe rapportent aux notes en cette maniere :

a	b	c	d	e	f	g
la	ſi	ut	re	mi	fa	ſol

Si bien que trouvant une Antienne marquée ainſi 1. *a* , je connois , & que cette Antienne eſt du premier ton , & que la finale du *E u o u a e* eſt un *la* , & ainſi des autres. Comme il y a dans certains tons deux terminaiſons différentes qui finiſſent par la même note , on s’eſt ſervi de lettres capitales pour diſtinguer les deux terminaiſons.

On a ajouté une ſeconde terminaiſon au deuxieme ton : l’intonation eſt la même que l’autre , mais la médiation eſt différente : le cinq & le ſix en ont deux auſſi. On a ajouté une terminaiſon complette au ſept. On appelle terminaiſon complette , celle qui a pour finale la finale même de l’Antienne. De toutes les terminaiſons , les complettes ſont les plus belles & les plus majeſtueuſes.

On trouvera encore un ſixieme ton irrégulier : la finale & la dominante de l’Antienne ſont les mêmes que celles du régulier ; mais le Pſeaume ſe chantant d’une façon irréguliere , le ton s’appelle irrégulier.

Voici de quelle maniere ſe font l’intonation , la médiation & la terminaiſon de chaque Pſeaume.

PREMIER TON.

Élévation des Cantiques évangéliques.

Premier ton irrégulier.

Élévation des Cantiques évangéliques.

SECOND TON.

Indutus

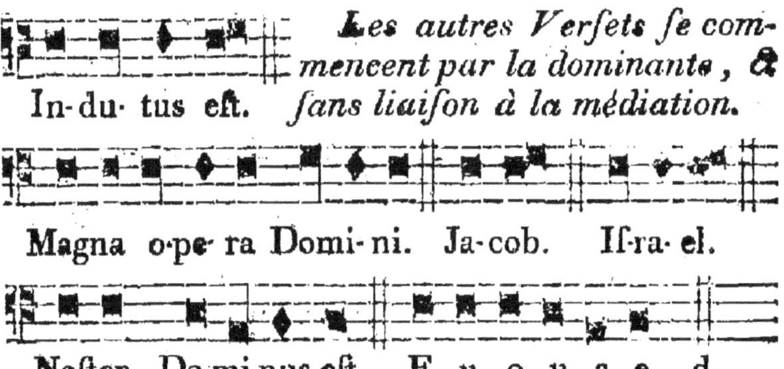

Pour les Cantiques évangéliques.

L'autre eſt différent dans ſa médiation.

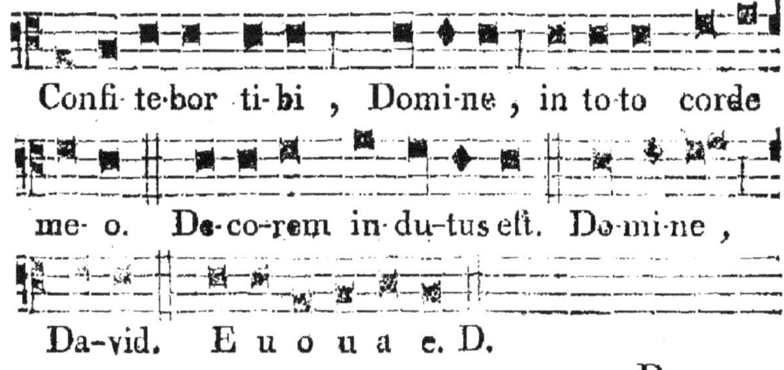

D

Cantiques évangéliques.

TROISIEME TON.

Élévation & médiation des Cantiques.

QUATRIEME TON.

Élévation des Cantiques évangéliques.

D 2

Quatrieme Ton irrégulier.

CINQUIEME TON.

Cantiques évangéliques.

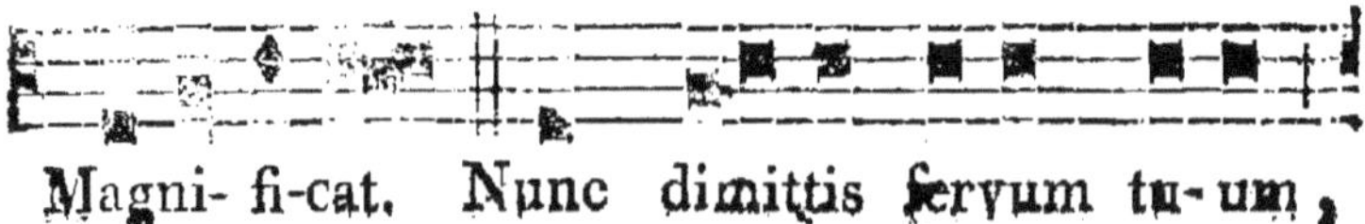

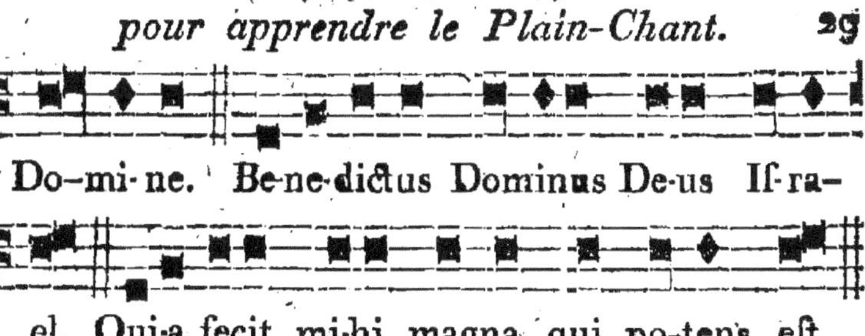

SIXIEME TON.

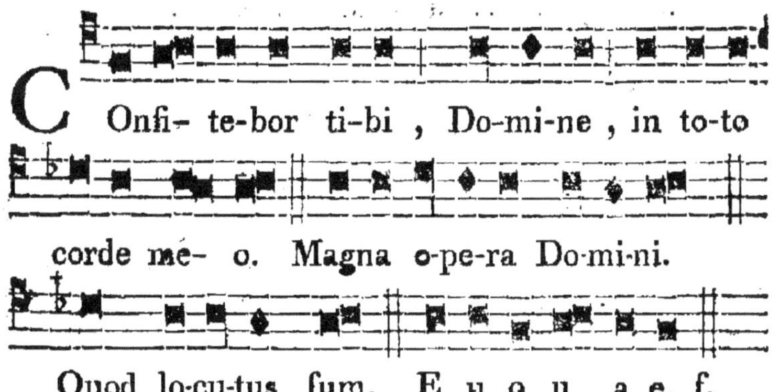

Cantiques évangéliques.

Autre sixieme Ton.

Cantiques évangéliques.

Si- xieme Ton irrégulier.

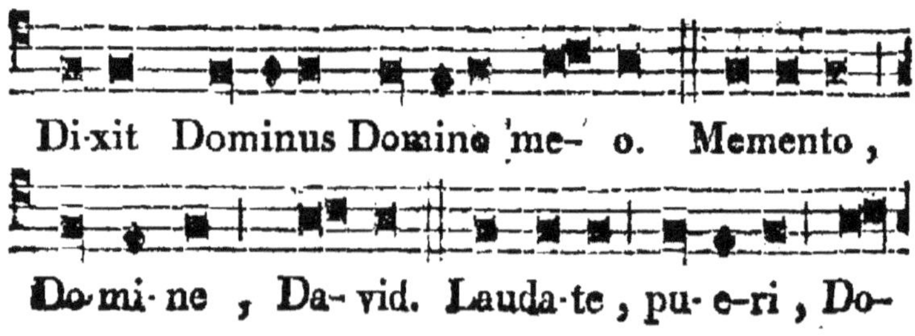

Cantiques évangéliques.

SEPTIEME TON.

Cantiques évangéliques.

HUITIEME

HUITIEME TON.

Cantiques évangéliques.

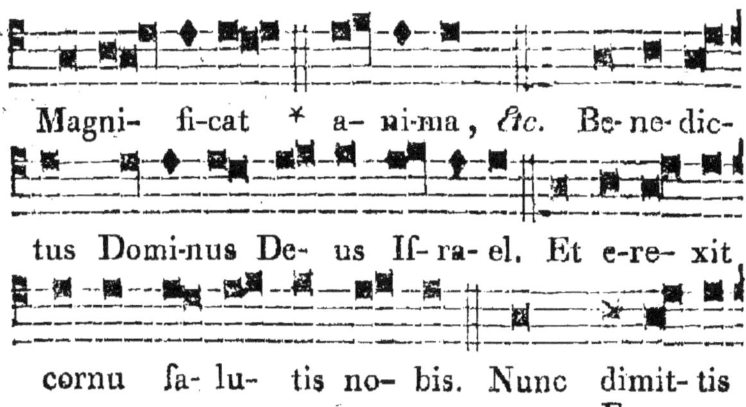

E

§. IX. *Des Neumes.*

EN chaque ton il y a un Neume propre, qui eſt une mélodie qui ſe fait à la fin des Antiennes, & qui ſe termine par la même note de l'Antienne.

Dans les Fêtes triples de premiere claſſe, & dans les ſolemnelles, on fait des Neumes à la fin de toutes les Antiennes de l'Office, tant des Nocturnes, que de toutes les Heures, à l'exception de celles de *Benedictus* & *Magnificat*, devant l'intonation du Cantique & du *Gloria Patri*.

Dans les Fêtes triples de ſeconde claſſe, doubles, ſemi-doubles, ſimples, & dans les féries, on n'en fait qu'à la derniere Antienne de Vêpres, de Matines & de Laudes, après les Antiennes de *Magnificat* & de *Benedictus*, & à la fin des Antiennes de Prime, Tierce, Sexte, None & Complies.

On en fait toujours à la fin de l'Hymne *Te Deum*, & des Verſets des Nocturnes, & de ceux qui ſont après les Hymnes.

On n'en fait jamais à la fin de l'Antienne de *Nunc dimittis*, ni à la fin des Antiennes que l'on dit pour Mémoire.

On n'en dit point encore depuis le Jeudi ſaint incluſivement juſqu'aux premieres Vêpres du Samedi de *Quaſi modò*, excluſivement, non plus que pendant l'octave de la Pentecôte, excepté aux Verfets à la fin defquels on a coutume d'en ajouter.

Le petit Office de la fainte Vierge, & l'Office des Morts, n'ont point de Neumes. Voici les Neumes tels qu'on les chante dans ce Diocèfe.

Neume du premier ton.

Neume du 2. *ton.*

Nenme du 3. *ton.*

Neume du 4. *ton.*

Le 4. *irrégulier a le même Neume.*

Neume du 5. *ton.*

Neume du 6. *ton.*

Neume du 7. *ton.*

Neume du 8. *ton.*

§. X. *Des Tons tranſpoſés.*

AVant que le *B mol* ſur le *mi* fût en uſage, on ſe trouvoit en néceſſité de tranſpoſer quantité de pieces qui ne pouvoient être bien chantées ſans cette tranſpoſition ; mais, depuis que le *mi* eſt devenu ſuſceptible du *B mol*, non-ſeulement il eſt inutile de tranſpoſer, mais il eſt abſolument hors de propos de le faire, parce que, communément, le chant, ainſi tranſpoſé, paroît plus difficile à ceux qui ne ſont pas extrêmement verſés dans cette ſcience ; c'eſt pour ce ſujet qu'on n'a pas voulu tranſpoſer dans l'Antiphonaire ; & excepté les Invitatoires du ſixieme ton, qu'on a été obligé de tranſpoſer, parce que le *Venite* étoit noté tranſpoſé avant qu'on eût pris ſon parti là-deſſus, excepté, dis-je, ces Invitatoires, & quelques pieces de la ſemaine de Pâque, qu'on a copiés du Graduel, on ne trouvera rien de tranſpoſé, ni dans l'Antiphonaire, ni dans le Proceſſional.

Comme il y a beaucoup de tranſpoſitions dans le Graduel, voici la finale & la dominante de chaque ton tranſpoſé.

Le premier ton a pour finale *la*, & pour dominante *mi* au-deſſus de la clef.

Le ſecond a *la* pour finale, & *ut* ſur la clef pour dominante.

Le troiſieme a *la* par *B mol* pour finale, & le *fa* au-deſſus de la clef pour dominante.

Le quatrieme, *ſi* au deſſous de la clef pour finale, & *mi* pour dominante ; il a encore *la* par *B mol* pour finale, & *re* au-deſſus de la clef pour dominante ; c'eſt celui que l'on appelle irrégulier : on auroit mieux fait de ne l'appeller que tranſpoſé.

Le cinquieme doit avoir *ut* fur la derniere ligne d'en bas pour finale , & le *fol* pour dominante.

Le fixieme a *ut* fur la clef pour finale , & *mi* pour dominante.

Le feptieme n'eft point tranfpofé.

Le huitieme peut avoir pour finale *ut*, & pour dominante le *fa*, & cela tant au-deffus qu'au-deffous de la clef.

§. XI. *Convenance des terminaifons des Pfeaumes, avec l'intonation des Antiennes.*

Exemples des Antiennes du premier ton.

Spe- ci- o- fus. Do-mi-num.
In- je-ce- runt. E u o u a e. D.
Lau-da fte-ri- lis. Tef-ti-mo- ni- um.
E u o u a e. f.
Re- ple Si- on. In- tro- e- un-tes.
E u o u a e. F.
Te-cum prin-ci- pi- um. Su-per cœ- los.
In fo- le. E u o u a e. a.
Premier Ton irrégulier.
Nos qui vi- vi-mus. E-xal- tan-tes.
E u o u a e.

Exemples du second Ton.

Autre Ton du second.

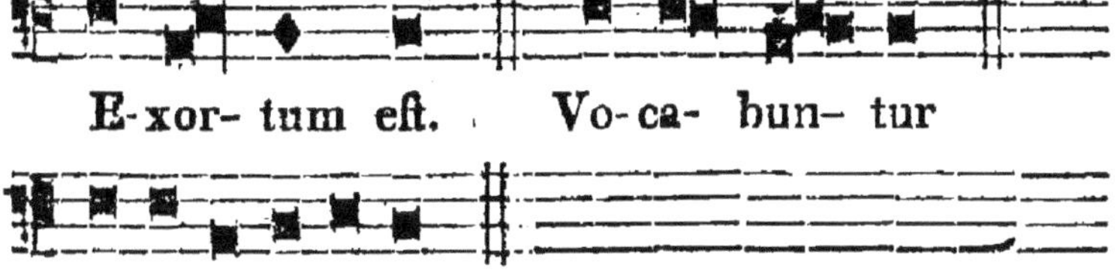

Exemples du troiſieme Ton.

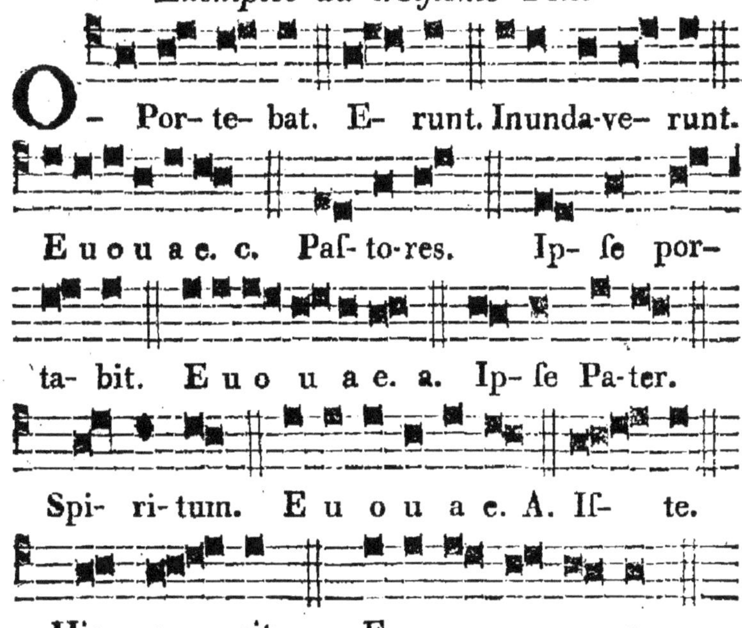

Res- pon- so.   Tes- ti- mo- ni- um.

E u o u a e. e.

Exemples du quatrieme Ton.

S Pi- ri- tus.   Si-cut.   Quid bo- num.

E u o u a e. e. Jus-ti.   Ip-sum.

Bo-nus Pas- tor.   E u o u a e. f.

Ha- be-mus   Sa- cerdos ma- gnus.   Tan-

quam. E u o u a e. d. Ci- vi-tas.

In- ge- mis-co e- go.   E u o u a e. a.

Quatrieme Ton irrégulier.

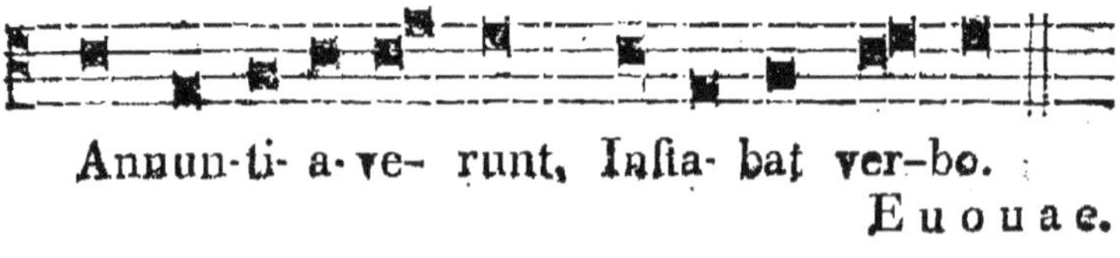

Annun-ti- a- ve- runt, Insta- bat ver-bo.

E u o u a e.

Exemples du cinquieme Ton.

F

Exemples du sixieme Ton.

Sixieme Ton irrégulier.

Exemples du septieme Ton.

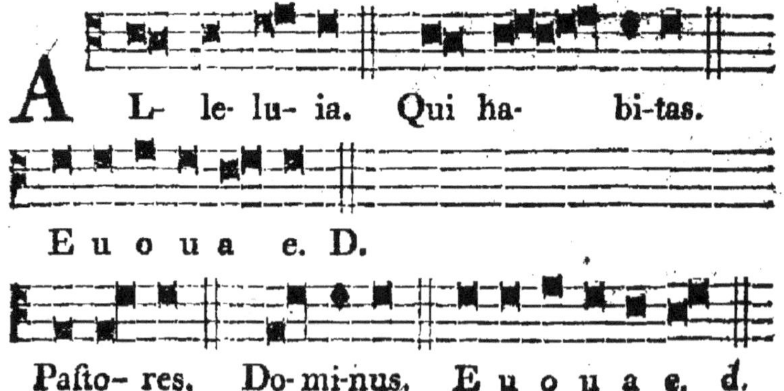

Exemples du huitieme Ton.

Après avoir fait voir affez au long les différents rapports des intonations des Antiennes avec leurs finales, il refte un mot à dire fur la maniere de chanter à l'uniffon, & quel doit être le ton de la dominante de chaque Office.

§. XII. *De la maniere de chanter à l'uniffon.*

TOut l'Office doit fe chanter à l'uniffon, c'eft-à-dire, que toutes les dominantes doivent être au même ton; par exemple, je chante une Antienne ou un Répons du premier ton, la dominante eft *la;* fi, après cette piece, j'en chante une autre du fecond ton, il faut que je mette le *fa* dominante de celui-ci, fur le même ton du *la* dominante de la premiere; ce qu'il eft néceffaire de faire pour éviter un défaut trop ordinaire, qui eft de chanter tantôt trop haut, tantôt trop bas.

Il faut avoir foin encore de confidérer l'étendue de la piece que l'on veut chanter : les unes font toujours au-deffus de leur dominante, les autres font au-deffous ; en ce cas il faut changer le ton de la dominante, en la hauffant ou baiffant d'un ton, ce que l'expérience apprendra facilement.

Dans les Fêtes triples, le ton de la dominante

ne doit pas être le même que dans les Fêtes doubles & simples ; comme l'Office est plus solemnel, le chant aussi doit être plus élevé. Voici à-peu-près l'ordre qu'on doit obferver pour le ton , dans les différents Offices.

Dans les Fêtes triples de premiere claffe & dans les folemnelles, la dôminante doit être *la*.

Dans les triples de feconde claffe & dans les doubles, la dominante doit être *fol*.

Et dans les femi-doubles , fimples & féries , la dominante doit être *fa*. C'eft-à-dire , que , dans les Fêtes folemnelles , on doit chanter deux tons pleins plus haut que dans les femi-doubles , & un ton plus haut que dans les doubles.

Il faut encore obferver que toutes les Heures d'un même Office , ne doivent pas fe chanter fur le même ton : il y en a de plus folemnelles les unes que les autres ; Matines, la Meffe & Vêpres font plus folemnelles que les petites Heures & Complies : les petites Heures, par conféquent , & Complies , ne doivent pas fe chanter fi haut , à un ton près pour le moins, que Vêpres & Matines , *&c.*

Comme on eft obligé , fuivant la diverfité des Offices, de diverfifier le ton , il faut encore aller plus pofément dans les Fêtes triples , que dans les doubles ; dans les doubles que dans les femi-doubles & les fimples : enforte que l'on puiffe connoître la diverfité des Offices par le ton plus ou moins élevé , & par la maniere plus ou moins pofée dont on chante l'Office.

Il faut éviter un défaut confidérable , qui eft de chanter , avec une rapidité étonnante & fcandaleufe , l'Office des Morts & les petites Heures , furtout dans les Offices fimples & dans les Féries ; comme fi , dans ces jours , on n'étoit pas obligé de rendre à Dieu le culte qui eft dû à fa fouveraine

Majefté, à laquelle on infulte en chantant fes louanges d'une maniere fi indigne.

---

§. XIII. *Des Verfets qui fe chantent après les Hymnes, à Laudes, à Vêpres, à Complies & aux Noéturnes.*

LEs Verfets fe chantent dans les Fêtes triples, au milieu du Chœur, par trois Clercs ou Acolythes ; dans les Dimanches & Fêtes doubles, par deux, & dans les femi-doubles, fimples & féries, par un feul au bout du banc de fon côté, comme auffi le Verfet des Complies, quelque Fête qu'il foit.

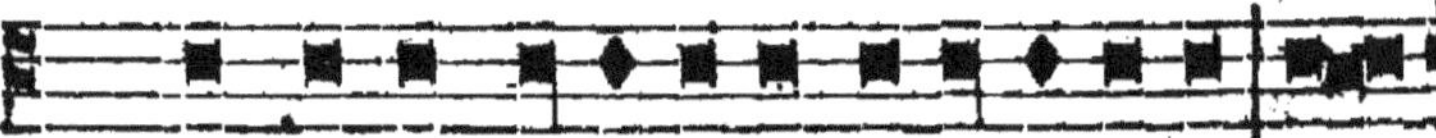

℣. Non fe-cit ta-li-ter omni na-ti-o-ni.

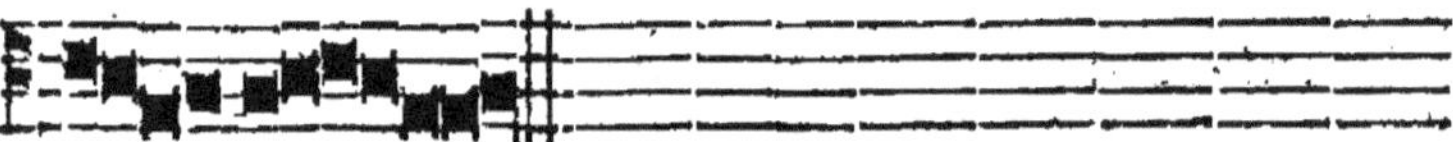

Les Verfets des Ténebres fe chantent toujours par un feul.

℣. Vi-dif-ti , Do-mi-ne , ne fi-le-as.

On ne répond point à ces deux fortes de Verfets,
Aux Matines des Morts, les Verfets fe chantent ainfi par le Célébrant

℣. In me-mo-ri-a æ-ter-na e-rit juf-tus.

Les *Benedicamus Domino* se chantent comme
ci-deſſous.

Les Fêtes triples , aux premieres & ſecondes
Vêpres & à Laudes , après la premiere Oraiſon ,
trois Acolythes ou Clercs , ou même les Chapiers ,
ſuivant la coutume des lieux , chantent le Verſet
ſuivant.

Encore dans les Fêtes triples , aux Vêpres & à
Laudes , quand on fait quelque mémoire , après la
derniere Oraiſon.

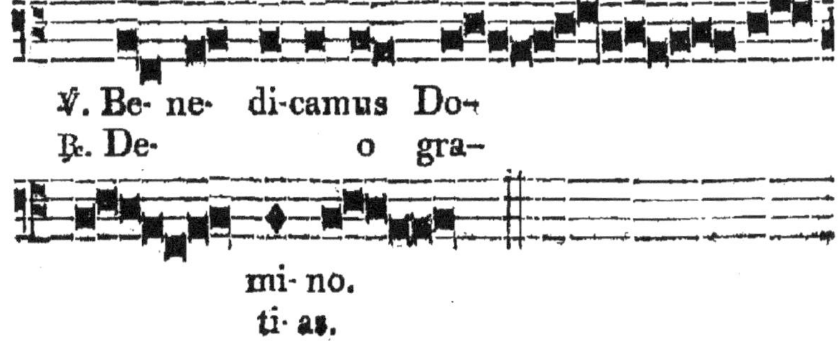

Dans les Fêtes doubles , aux premieres Vêpres & à Laudes , après la premiere Oraiſon , deux Acolythes ou Clercs chantent :

℣. Be-ne- di-ca- mus Do-
℞. De- o gra-

mi- no.
ti- as.

Aux Laudes & aux Vêpres des Fêtes doubles , quand on fait quelque mémoire , après la derniere Oraiſon , deux Acolythes chantent :

℣. Be- ne-di- camus Do- mi- no.

℞. De- o gra- ti- as.

Aux ſecondes Vêpres des Fêtes doubles , après la premiere Oraiſon.

℣. Be-ne- di-ca- mus Do-
℞. De- o gra-

mi- no.
ti- as.

Le *Benedicamus* ſuivant ſe chante les Dimanches par deux Acolythes : les ſemi-doubles , & au-deſſous ,

deſſous , par un ſeul au bout du banc , de ſon côté ,
on le répete après la derniere Oraiſon.

Pour l'octave de Pâque , après la premiere Oraiſon , & immédiatement avant la Proceſſion.

Second *Benedicamus* pour l'octave de Pâque ,
après la Proceſſion ; il ſe dit auſſi le Samedi de
devant la Septuageſime , après la derniere Oraiſon.

G

§. XIV. *La maniere de chanter ce qui est contenu dans les Matines , dans les Laudes , les petites Heures , Vêpres & Complies.*

A MATINES.

Domine , labia se chante toujours ainsi :

℟. Et os me- um annunti-a-bit laudem tu- am.

Deus , in adjutorium se chante toujours ainsi :

℟. Domi- ne , ad adjuvandum me fes-ti- na.

Gloria Patri se chante toujours ainsi :

sancto , ℟. Si- cut e-rat in princi-pi- o , &

Alleluia , & Laus tibi , Domine , &c. fe chantent toujours ainfi :

Les Abfolutions fe chantent toujours ainfi :

Jube , Domne , & les Bénédictions fe chantent toujours ainfi :

i , &c. In cre- den-do. ℟. A-men.

Il y a fix chofes dans les Leçons où il faut prendre garde : 1°. Le point feul ; 2°. Les deux points ; 3°. Le point interrogant ; 4°. Le monofyllabe devant le point ; 5°. Quelques noms indéclinables 6°. Enfin la conclufion.

Le point feul.

De I-fa-ïa Pro-phe- ta. Do-mi nus.

Les deux points.

Et a- it Do-minus   :   Non eft hìc.

Le point interrogant.

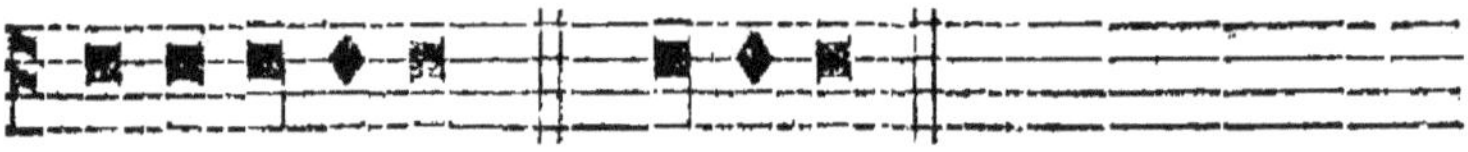

I-t a ju-di-ces ?   ·   U-bi eft ?

Le monofyllabe.   Nom indéclinable.

Fi-at lux.   Ad Adam.

Quoique *Jefus* fe décline, il fuit la regle des noms indéclinables.

Je-fus.   Ad Je-fum.

Conclusion.

Les Leçons des Morts se chantent comme les autres, mais sans *Jube, Domne*, & elles se terminent ainsi :

A LAUDES.

Le Verset sacerdotal se chante ainsi ; & on y répond toujours.

S'il se rencontre un monosyllabe, ou un mot Hébreu indéclinable, il se chante ainsi :

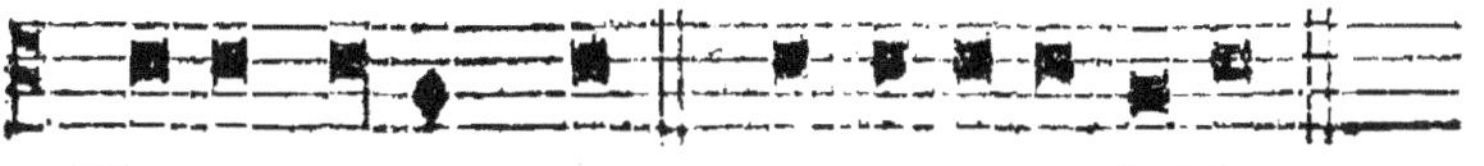

Les Capitules ſe terminent comme les Verſets ſacerdotaux.

Le *Dominus vobiſcum* & les Oraiſons ſe chantent ainſi :

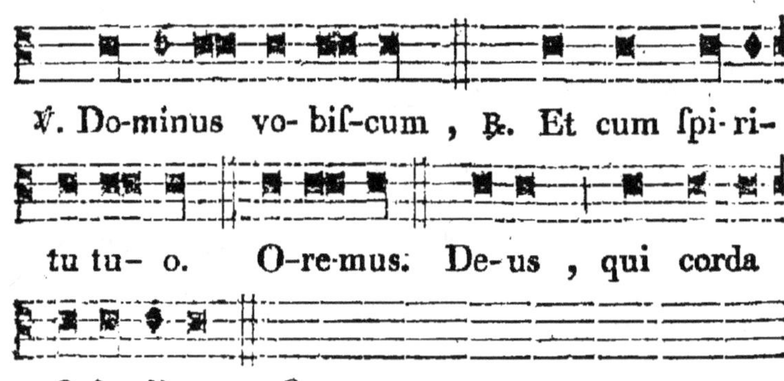

La terminaiſon de la premiere & derniere Oraiſon ſe fait en poſant, avec cadence , ſur ſa quatrieme ſyllabe qui précede la fin , ou ſur la cinquieme , s'il s'y trouve une breve.

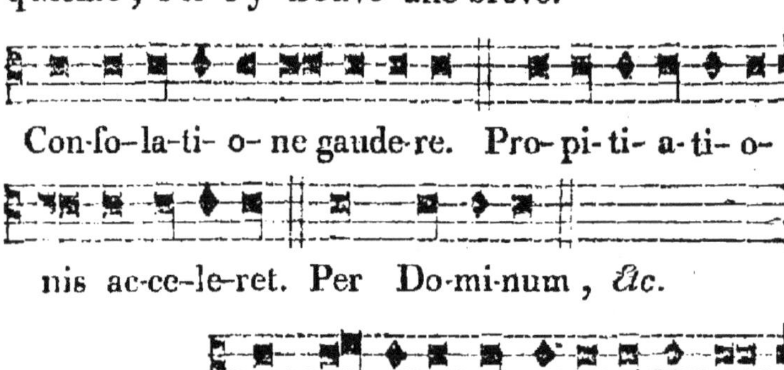

Le *Dominus vobiſcum* comme ci-deſſus

Si, entre la premiere & la derniere Oraifon,
il y en a quelqu'autre, on la termine ainfi :

Perfru--i læ- ti- ti- â. Per Chriftum Dominum

noftrum.

A PRIME.

Dans le Symbole *Quicunque*, au Verfet *Qui
paffus eft ;* on éleve la voix un ton plus haut ; &,
fur ce ton, on continue jufqu'à la fin.

Le Capitule fe chante comme celui des Laudes.

Les Prieres fe chantent toujours ainfi :

Ky-ri- e , e- le- i-fon , Chrifte , e-le- i-fon,

Ky-ri- e , e-le- i- fon. Pa-ter nofter.

Et ne nos inducas & les Verfets fuivants, tom-
bent à la tierce.

Le *Confiteor, Mifereatur* & *Indulgentiam,* fe
difent d'une voix baffe, mais intelligible ; les Verfets d'après comme ceux qui précedent le *Confiteor.*

Do-minus vo-bif-cum. Et cum fpi-ri-tu tu- o.

Oremus Domine, De- us, &c. Et o- pe-ra.

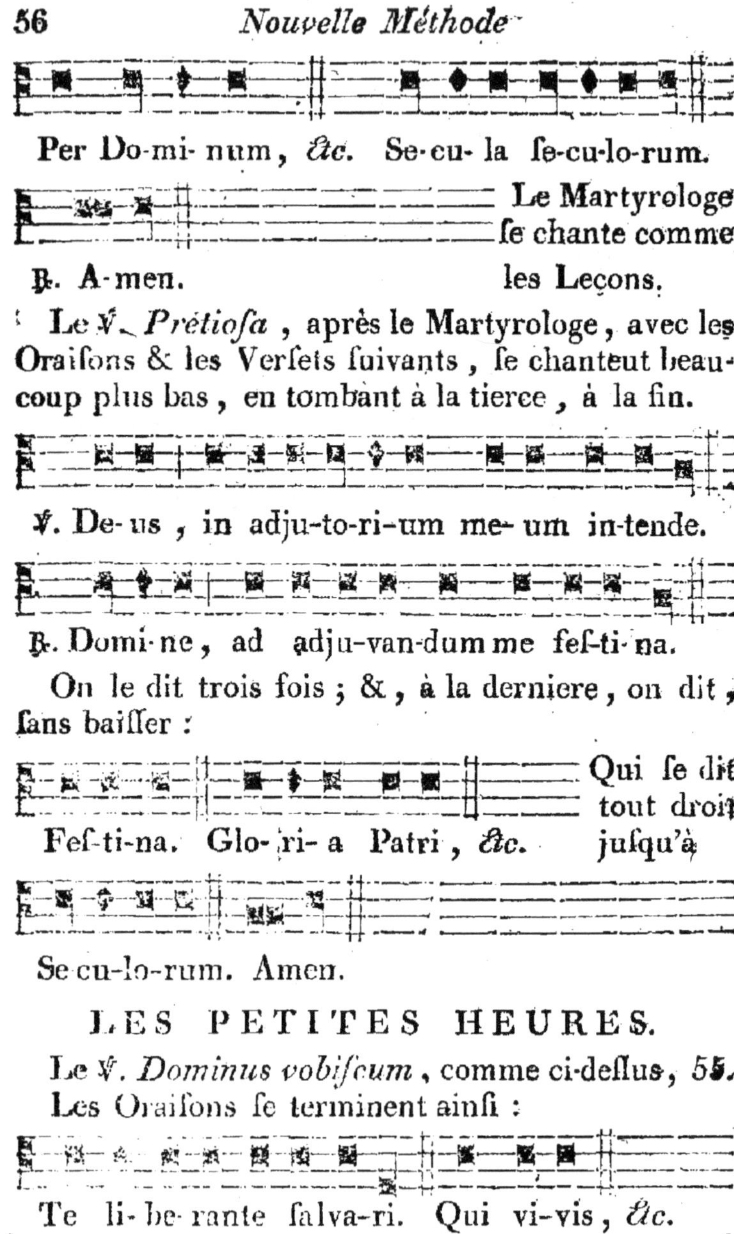

Per Do-mi- num, *&c.* Se- cu- la fe-cu-lo-rum.

Le Martyrologe fe chante comme les Leçons.

℟. A-men.

Le ℣ *Prétiofa* , après le Martyrologe, avec les Oraifons & les Verfets fuivants , fe chanteut beau- coup plus bas , en tombant à la tierce , à la fin.

℣. De- us , in adju-to-ri-um me- um in-tende.

℟. Domi-ne, ad adju-van-dum me fef-ti- na.

On le dit trois fois ; & , à la derniere, on dit , fans baiffer :

Qui fe dit tout droit jufqu'à

Fef-ti-na. Glo- ri- a Patri , *&c.*

Se-cu-lo-rum. Amen.

LES PETITES HEURES.

Le ℣. *Dominus vobifcum* , comme ci-deffus, 55. Les Oraifons fe terminent ainfi :

Te li- be- rante falva-ri. Qui vi-vis, *&c.*

in fe-cu- la fe-cu-lo- rum. ℟. Amen. ℣. Domi- nus

nus vo-bif-cum. ℟. Et cum fpi- ri- tu tu- o.

Le Célébrant ajoute :

℣. Benedicamus Do- mino. ℟. De- o gra- ti-as.
Aux Vêpres tout fe chante comme aux Matines.
Aux Complies , les Prieres comme celles de Pri-
me , l'Oraifon , *&c.* comme celle des petites Heures.

---

§. XV. *De la maniere de chanter les Epîtres.*

IL y a , ainfi que dans les Leçons , fix chofes à
obferver dans les Epîtres : 1°. le point feul ;
2°. les deux points ou le milieu de la période ; 3°. le
point interrogant ; 4°. le monofyllabe devant le
point ; 5°. quelques noms indéclinables ; 6°. enfin
la conclufion.

Quand il fe rencontre un point, on doit hauffer ,
avec liaifon , fur la quatrieme fyllabe qui le précede , quelquefois fur la cinquieme , pour éviter de
hauffer fur la derniere fyllabe d'un mot , quelquefois
même fur la fixieme , à caufe de quelque breve.

H

Devant les deux points ou le milieu de la période, on doit baiffer, fans liaifon, à la tierce fur la cinquieme fyllabe, quelquefois fur la fixieme & fur la feptieme, à caufe d'une ou deux breves.

Le point interrogant fe fait tout droit, en pofant feulement fur la derniere fyllabe du mot.

Le monofyllabe devant le point, doit fe faire ainfi :

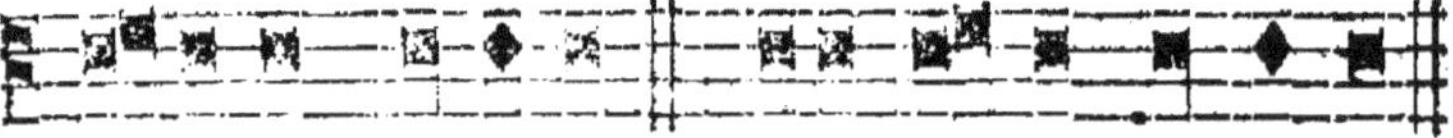

Les noms indéclinables & le mot *Jefus*, doivent fe faire avec inflexion.

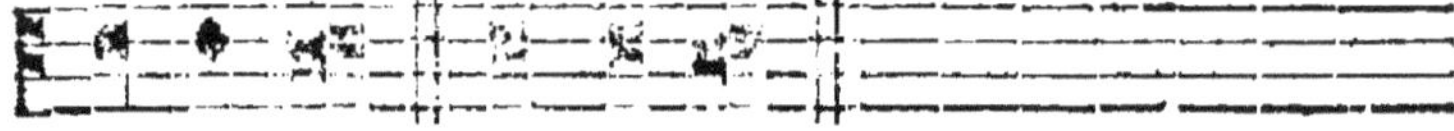

La conclufion fe fait en baiffant de l'*ut* au *la*, puis en mettant encore un *la* fur la fyllabe qui fuit, le liant avec l'*ut*, auquel on remonte en cette maniere :

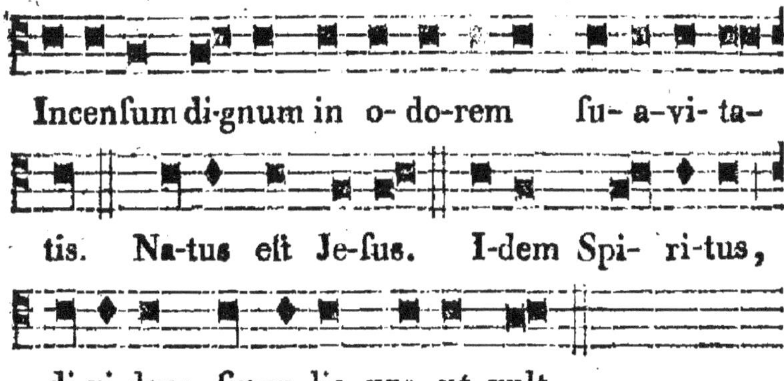

Il faut remarquer que l'on doit , autant qu'il eſt poſſible , baiſſer dans une Epître , à-peu-près autant de fois que l'on monte , & entremêler ces deux modulations , dans leſquelles conſiſte toute la beauté du chant de l'Epître.

L'Evangile ſe chante comme l'Epître , excepté qu'au point on va tout droit en poſant ſur la pénultieme , ou ſur l'antépénultieme , s'il ſe rencontre une breve.

Exemple.

§. XVI. *Remarques touchant les* Kyrie , *les* Gloria in excelſis , *&c.*

ON fera , ſans doute , en peine de ſavoir pour quelle raiſon on n'a point mis dans le ſecond tome du Graduel les nouveaux *Kyrie* , qui ſont dans le premier , non plus que dans le Miſſel les *Ite , Miſſa eſt* qui leur conviennent ; en voici la raiſon.

H ij

Premiérement, il eſt certain que ces *Kyrie*, *Gloria in excelſis*, *&c.* ne ſont point aiſés ; qu'on ne pëut les bien chanter ſi on n'eſt un nombre fuf-fiſant ; qu'étant très-étendus, toute voix n'eſt pas propre pour les chanter, d'où il ſeroit arrivé, ſi on avoit fait une loi de les chanter, que dans les gran les Fêtes & les Solemnités, où l'on doit ſûre-ment mieux chanter que dans les autres jours, on auroit chanté à faire pitié.

En ſecond lieu, on a voulu rendre au *Kyrie* des Anges le même rang qu'il tenoit auparavant ; n'eſt-il pas beau ? n'eſt-il pas majeſtueux ? On ne craint point d'en faire juges ceux qui ſe connoiſſent en chant ; on pourroit, avec ce *Kyrie*, chanter un des trois *Credo* qui ſe trouvent dans le premier volume.

Si cependant quelqu'un ſe ſent touché de prédi-lection & les préfere au *Kyrie* des Anges, il lui ſera libre d'en faire comme il lui plaira. J'ajoute ici que celui qui ſe trouve dans le ſecond volume n'y ſeroit point, s'il n'avoit été imprimé dans le moment qu'on prit la réſolution de les ſupprimer.

----

§. XVII. *Chant des nouvelles Hymnes.*

QUoiqu'on ait eu pour but principal, dans la compoſition des Livres nouveaux de ce Dio-cèſe, de ne ſe point écarter du chant de nos peres, de le ſuivre & de le copier, pour ainſi dire, on n'a pu cependant ſe diſpenſer, par rap-port aux Hymnes, de ſe ſervir de pluſieurs chants nouveaux : il l'a fallu ſouvent, puiſque nous en avons grand nombre d'un Maître nouveau, & quel-quefois on l'a fait quand on a trouvé ailleurs des chants beaux & mélodieux. On a jugé à propos de les mettre à la fin de cette Méthode, pour la facilité de ceux qui voudront se donner la peine de les apprendre ; la plupart sont de Paris, d'Angers, de Meaux, d'Amiens, *&c.* quelques-uns, mais en très-petit nombre, sont tout-à-fait nouveaux. On a mis, sous chaque chant, le premier mot des Hymnes qui s'y rapportent. Au reste, on ne cite que les Hymnes des Fêtes triples & doubles.

1. *Pour les Offices de la sainte Vierge,*
à Complies.

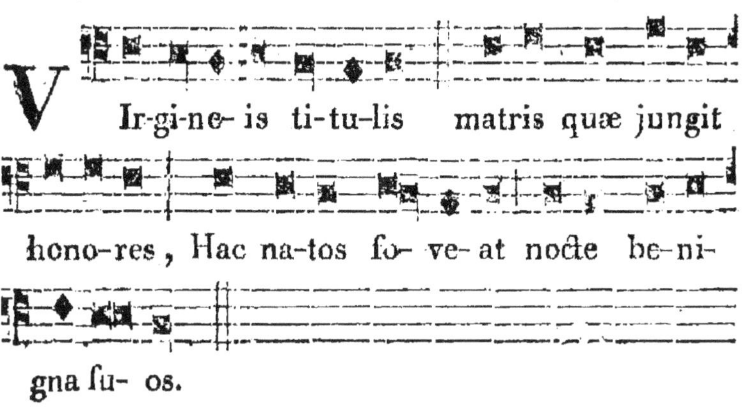

2. *Pour les Fêtes des Saints, à Complies.*

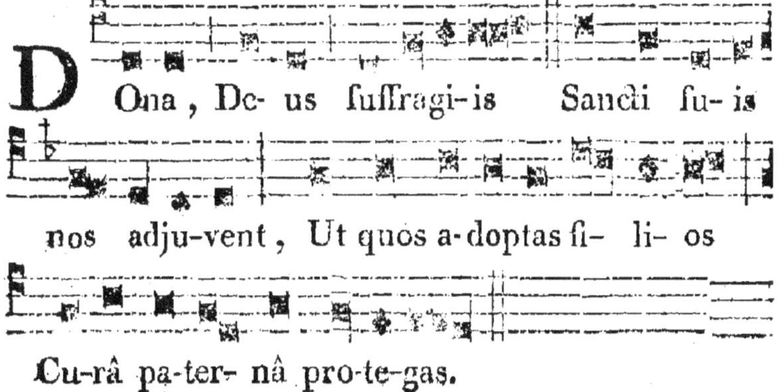

3. *Pour le temps de l'Avent , à Complies.*

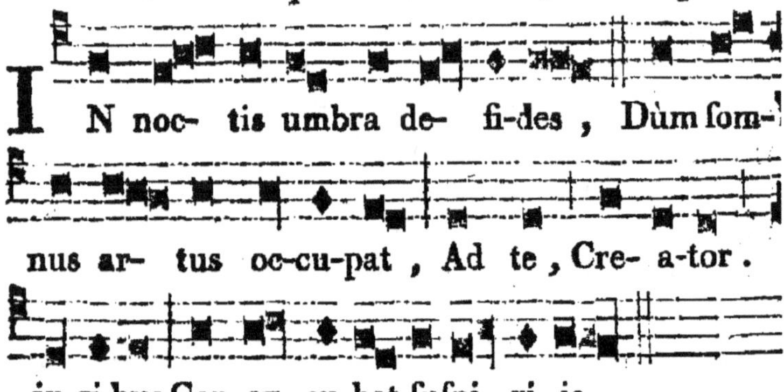

4. *Pour les fecondes Vépres de Noel.*

Ce chant fe rapporte aux Hymnes *Stupete Gentes* & *Templi facratas* , dans la Purification. A *Procul maligni* & *Maria facro* , dans la Fête de fainte Madeleine. A *Crux alma falve* , *&c.* dans l'Exaltation de la fainte Croix.

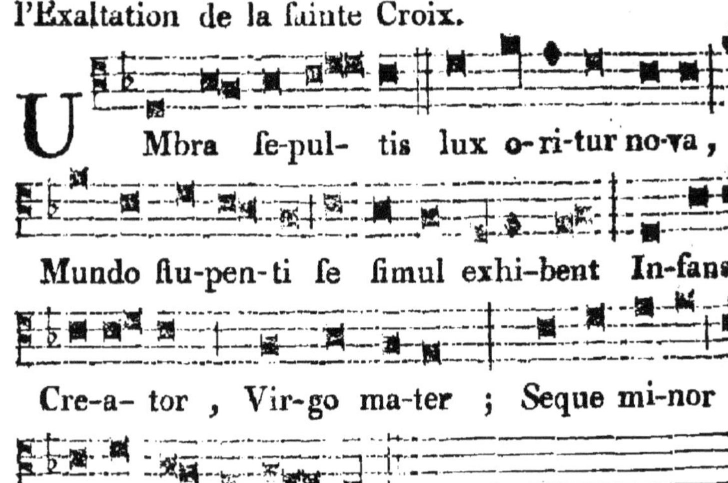

5. *Pour la Fête de faint Jean l'Evangélifte ,*
à Matines.

Ce chant fe rapporte à l'Hymne des fecondes

Vêpres de la même Fête. A l'Hymne *Urbem Ro-*
muleam , dans la Fête de faint Jean Porte-Latine.

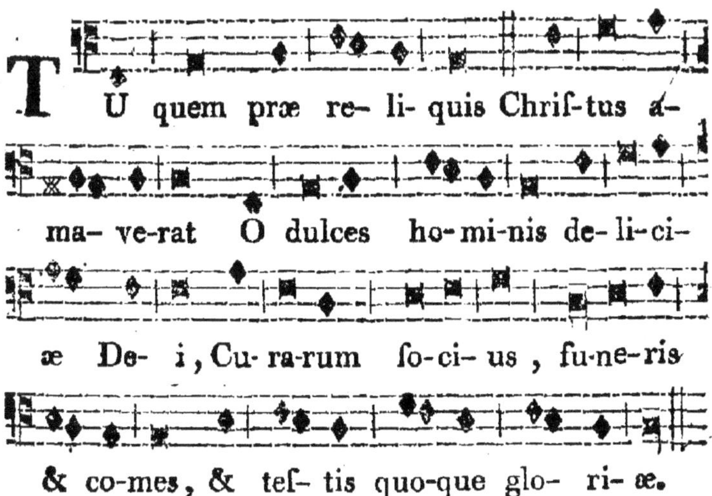

6. *Pour le même jour, à Laudes.*

Ce chant fe rapporte à l'Hymne *Vos fuccenfa*
Deo , au Commun d'un Docteur. A l'Hymne *Paulo*
pauperies , dans la Commémoration de faint Paul.

7. *Pour les Vépres des Dimanches , depuis la Circoncifion jufqu'à la Purification.*

Ce chant fe rapporte à l'Hymne *Matris intactæ,* dans la Fête de faint Jofeph. A l'Hymne *Thure vo-tivo,* dans la Fête de fainte Clotilde. A l'Hymne *Petre , qui primi,* dans le jour de faint Pierre.

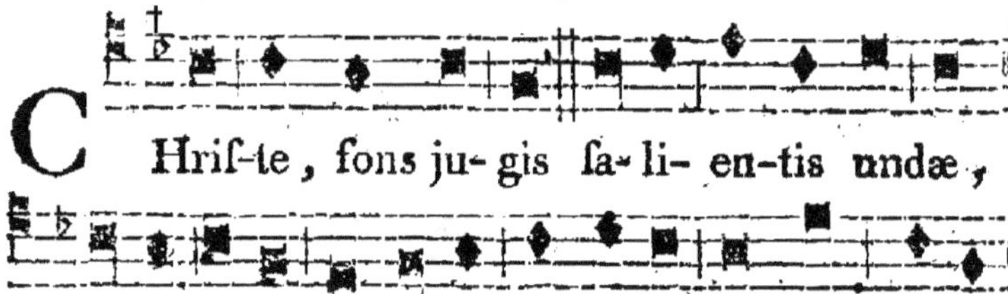

C

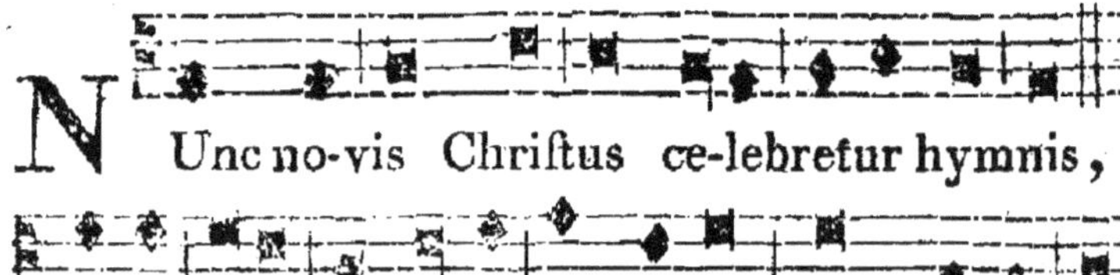

8. *Pour l'Hymne des Vépres du Temps pafchal.*

N

9. *Pour les Laudes de l'Afcenfion.*

P

ris

ris glo-ri- â : Quos hìc re- lin-quis orpha-nos

Nos , Chrifte , fem-per ref- pi-cis.

10. *Pour l'Afcenſion , aux ſecondes Vêpres.*

Ce chant ſe rapporte aux Hymnes *Cœlites plau-dant* & *Sedibus Præful* , dans la Fête de ſaint Romain.

CHrifte, quem fe- des re-vo-cant pa- ter-

næ , Splen-di- dos or- bi re-no-vas tri- um-

phos , Cum vi- â ten- tas ho-mi-ni ne- ga-

tâ Scan-de-re cœ- lum.

11. *Pour la Fête de la ſainte Trinité , à Laudes.*

Ce chant ſe rapporte à l'Hymne *Fecunda radix Iſaï ,* dans la Fête de Sainte Anne, à Laudes. A *Quàm nos potenter ,* dans la Transfiguration.

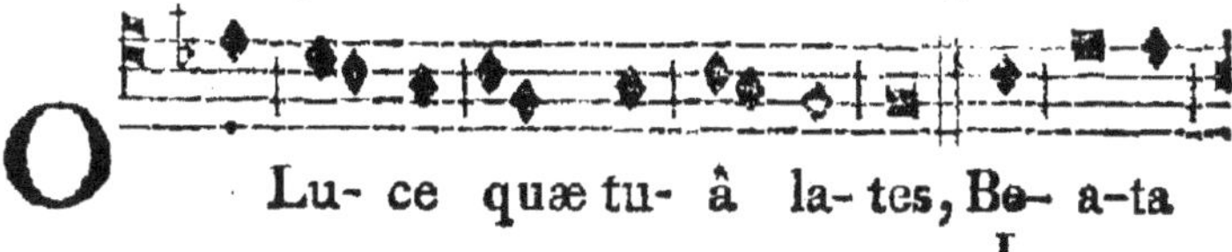

O Lu- ce quæ tu- â la- tes, Be- a-ta

I

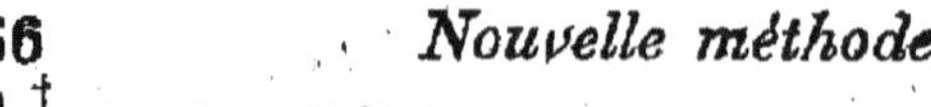

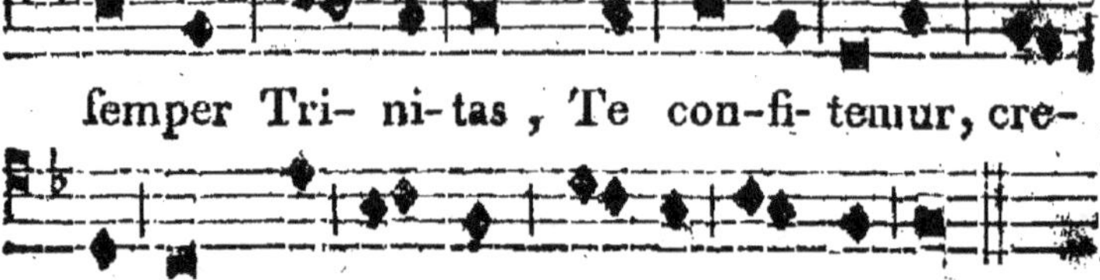

12. *Pour l'Octave du saint Sacrement à Vêpres.*

Ce chant fe rapporte à *Fumant Sabœis* , dans la Purification , à Laudes. A *Orbata conjux* , dans la Fête de fainte Clotilde , à Laudes.

13. *Pour le Commun des Apôtres , à Laudes.*

Ce chant fe rapporte à l'Hymne *Jam non te,* dans le Commun d'un Martyr. A *Quantis Rotho-magus* , dans la Fête de faint Nicaife. A *Sancti Pontifices* , dans la Fête des SS. Pontifes de Rouen.

A *Omnis dùm refonat* dans la Touffaint. A *Infans pulfa* , dans la Préfentation.

14. *Pour le Commun d'un Martyr , à Vépres.*

Ce chant fe rapporte à l'Hymne *Jam mundi liceat*, dans le Commun d'un Abbé. A *O , qui pro gregibus*, dans les SS. Pontifes de Rouen. A *Vos fancti proceres* , dans la Fête de la Touffaint , à Matines. A *Quàm pulchrè graditur* , dans la Préfentation.

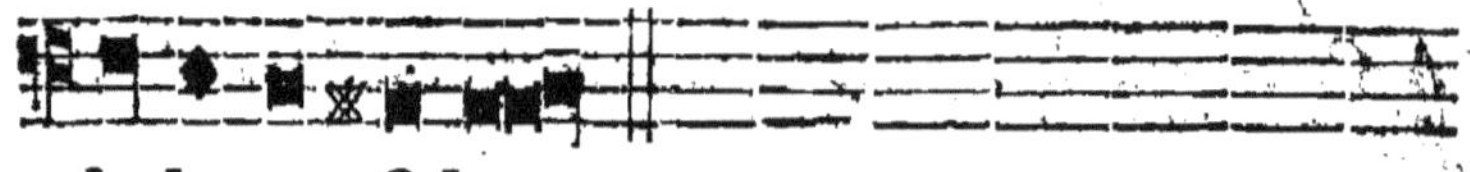

de-de-ras   fi-dem.

15. *Pour plusieurs Martyrs, à Vêpres.*

Ce chant fe rapporte aux Hymnes *O qui per-petuus*, & *Jam nunc*, dans le Commun d'un Doc-teur. *Vos ô Virginei*, & *Feflis læta* dans le Commun d'une Vierge. *Regum progenies*, dans la Fête de faint Jofeph. *Antiqui*, dans les Saints de l'ancienne Loi. *Primœvos* dans la Fête de faint Nicaife.

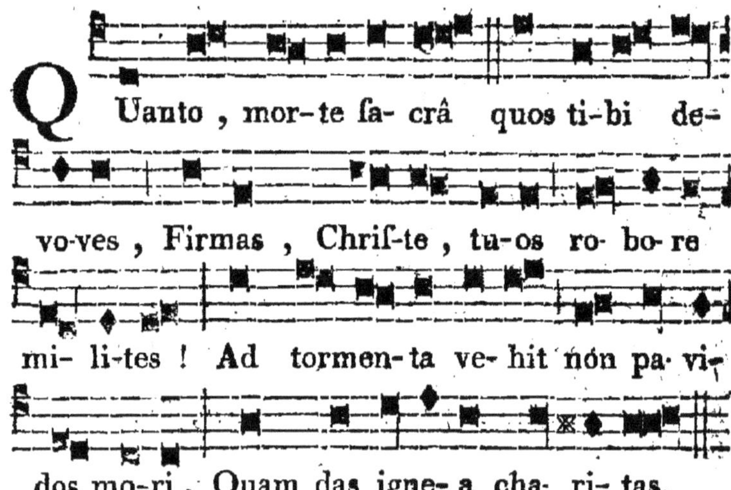

16. *Pour la Concep. de la Ste Vierge, à Laudes.*

Ce chant fe rapporte aux Hymnes *Pulfum pa-ternis*, dans l'Annonciation. *Montes fuperbum*, dans la Fête de la Vifitation. *Adefte fancti*, dans la Fête des Reliques.

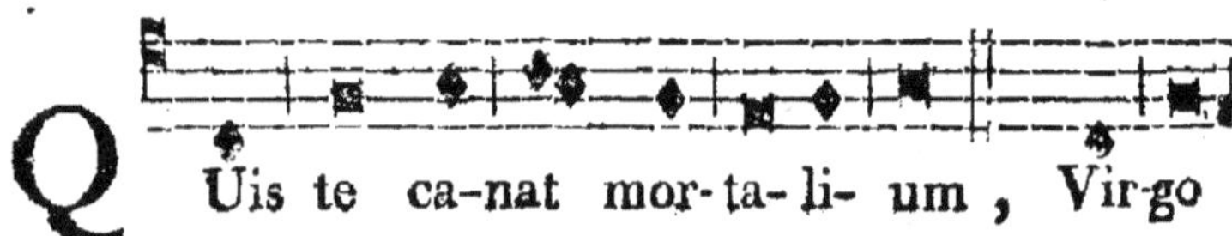

De- i pu- erpe- ra ? A-defte, pu-ri Spi- ri-

tus : Veftri fit il- lud mu-ne-ris.

17. *Pour la Converfion de S. Paul, à Matines.*

Ce chant fe rapporte aux Hymnes *Hæc illa*, & *Cœleftis ales*, dans la Fête de l'Annonciation *Sat, Paule*, dans la Commemoration de faint Paul. *Sudore fat tuo fides*, dans la même Fête. *Quò fanctus ardor te rapit*, dans la Vifitation. *Ad fœtæ verba*, dans la même Fête. *Aurora, quæ Solem paris*, dans la Nativité de la Sainte Vierge.

Paf-to-re per-cuf-fo, mi-nas, Spi-ra-bat

& cæ-des lu-pus ; Sparfumque vaf- ta-bat

gre-gem Te, Chrifte, Sau-lus nef- ci- ens.

18. *Pour la Converfion de faint Paul, à Laudes.*

Ce chant fe rapporte à l'Hymne *O quàm profundæ*, dans la Fête de faint Pierre, à Laudes. *A Te, fanÉte* dans la Fête de faint Louis.

Uæ glo- - - - um tanta cœ-lis e- vo-

19. *Pour la Fête de fainte Madeleine , à Laudes.*

Ce chant fe rapporte à l'Hymne *Nunc ad Sion acceditis* , dans la Fête des Saints de l'ancienne Loi. A *Sinæ fub alto vertice* , dans la Fête de faint Luc. A *Jefu facerdotum decus* , dans la Fête de faint Romain.

20. *Pour l'Assomption de la Ste Vierge, à Laudes.*

Ce chant se rapporte à l'Hymne *Qualis Virgo*, dans l'Office de la sainte Vierge.

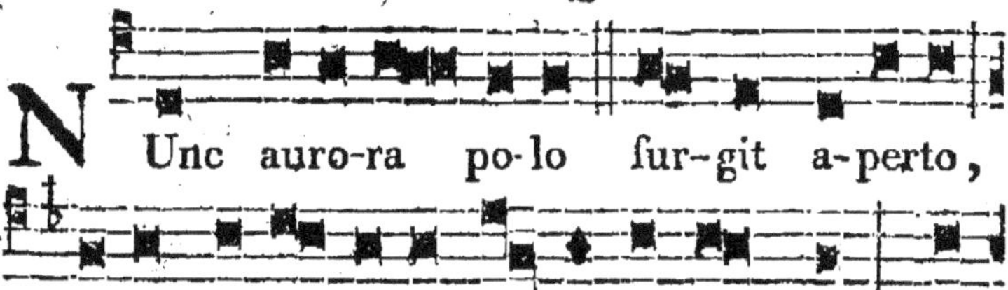

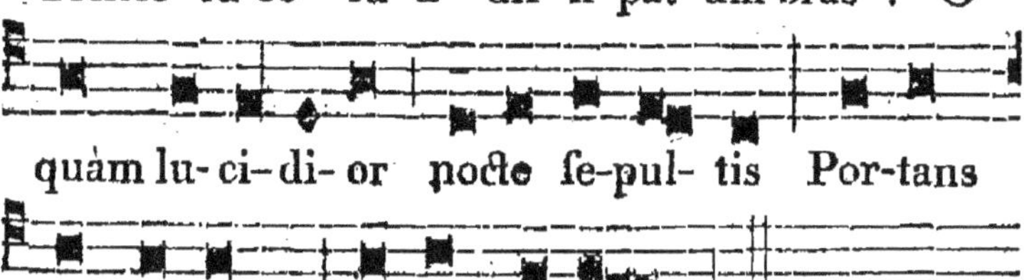

quàm lu- ci- di- or noête se-pul- tis Por-tans

nempe di- em Virgo re-ful- get.

Nous n'avons que ces deux Hymnes de cette mesure.

Quand les Hymnes de Vêpres & de Matines seront de même mesure, on les trouvera toujours sur le même chant, & jamais ce chant ne sera celui des Laudes, si l'on en excepte deux ou trois Fêtes de l'année.

§. XVIII. *Proses nouvelles.*

ON a jugé à propos d'inférer encore, à la fin de cette Méthode, les Proses nouvelles, pour la facilité des personnes affectionnées pour le chant.

Prose pour le jour de Noel.

tum con- ci- nimus : De- um na- tum de Vir- gi-

ne , Et ſubdi-tum re- co- limus. ℣. Nu- da pa-

tent o- ra-cu- la , In terra pax ho- mi- ni- bus ;

Pro- miſſus per tot ſe- cu- la Da-tur Meſ- ſi- as

Gen- ti-bus. ℣. Tu Beth-le- em non mi- ni- ma

In Iſ-ra- el es ci-vi- tas : Ecce ti-bi laus

ma- xima No- va Chriſti na- ti- vi-tas. ℣. Non

do- mi-bus ex-ci- pi- tur , Quæ mox De- i

pu- erpe- ra : In præ- ſe-pe Rex naſ- ci-tur ,

Per quem mo- ven-tur ſi- de-ra. ℣. Qui cœ-lum

novit

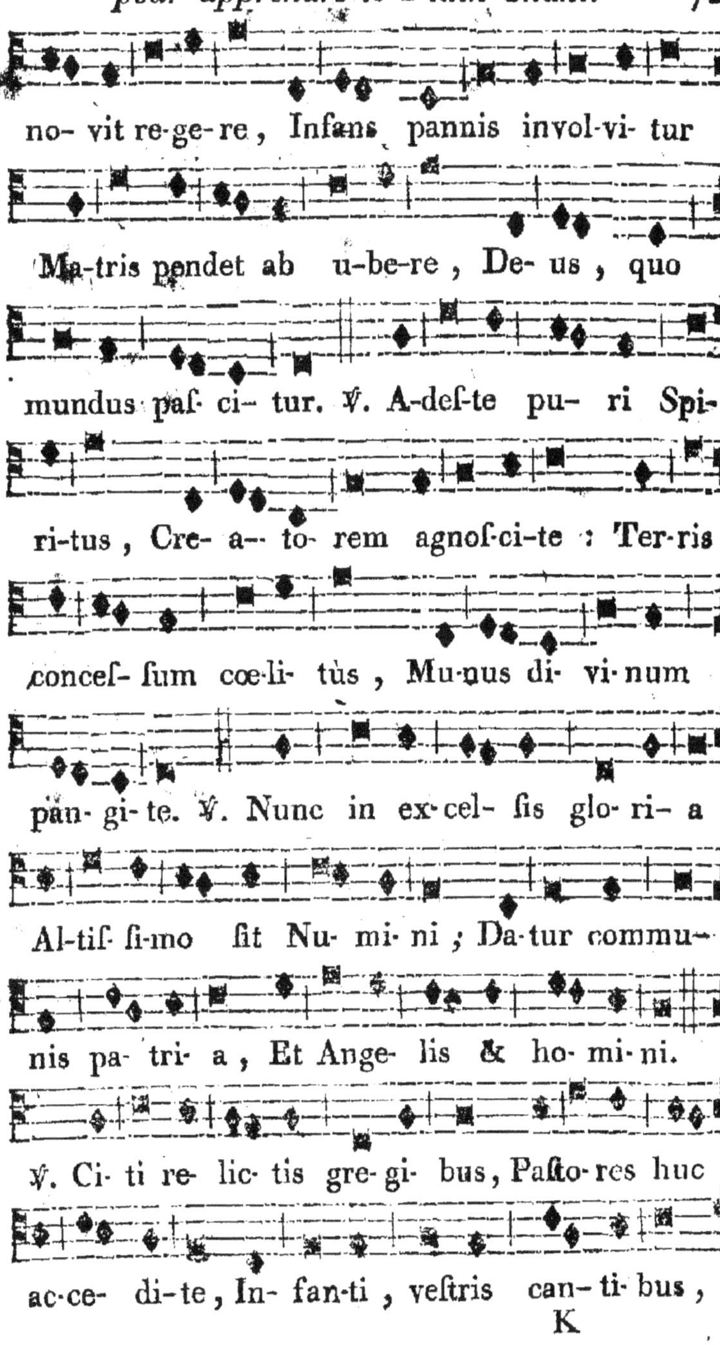
no- vit re-ge-re, Infans pannis invol-vi- tur
Ma-tris pendet ab u-be-re, De- us, quo
mundus paf- ci- tur. ℣. A-def-te pu- ri Spi-
ri-tus, Cre- a--- to- rem agnof-ci-te : Ter-ris
concef- fum cœ-li- tùs, Mu-nus di- vi-num
pan- gi-te. ℣. Nunc in ex-cel- fis glo- ri- a
Al-tif- fi-mo fit Nu- mi- ni ; Da-tur commu-
nis pa- tri- a, Et Ange- lis & ho- mi-ni.
℣. Ci- ti re- lic-tis gre-gi- bus, Pafto-res huc
ac-ce- di-te, In- fan-ti, veftris can-ti-bus,

K

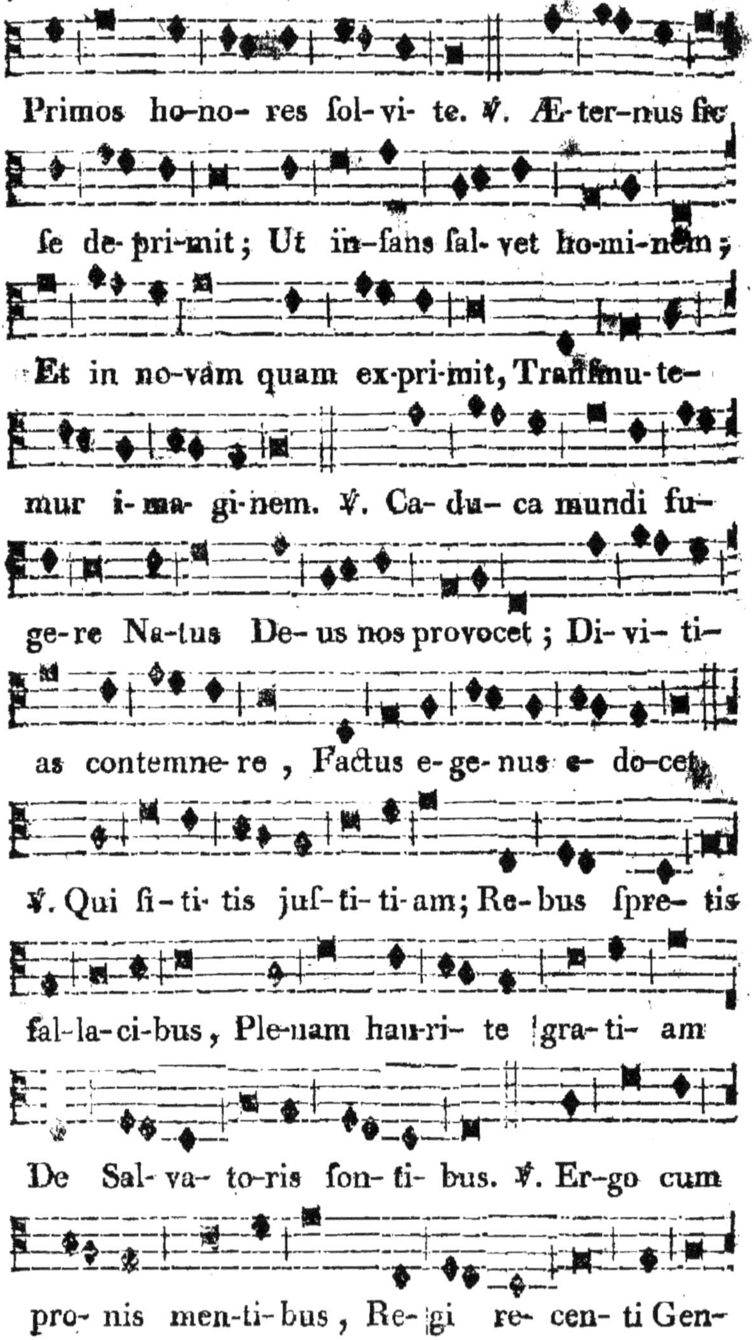

Primos ho-no- res fol-vi- te. ℣. Æ-ter-nus fic

fe de-pri-mit; Ut in-fans fal-vet ho-mi-nem;

Et in no-vam quam ex-pri-mit, Tranfmu-te-

mur i-ma- gi-nem. ℣. Ca- du- ca mundi fu-

ge-re Na-tus De-us nos provocet; Di-vi-ti-

as contemne-re , Factus e-ge-nus e- do-cet.

℣. Qui fi-ti- tis juf-ti-ti-am; Re-bus fpre- tis

fal-la-ci-bus, Ple-nam hau-ri- te gra-ti- am

De Sal-va- to-ris fon-ti- bus. ℣. Er-go cum

pro- nis men-ti-bus, Re- gi re- cen- ti Gen-

ti- um Ple- na vo- tis ar-den-ti-bus Cor-da
li- tentur om-ni- um. ℣. Tu no- vi par-tûs
conf-ci- a , Virgo , fac do- net Fi-li-us ,
Ut cri-mi-nis mens nef-ci- a , Pa-ce fru-
a- tur ple-ni-ùs. ℣. Fac , Cre- a-tor , qui
naf- ce- ris , Cum cor-po-ris ve-lami- ne :
Nos fe- di-bus in fu-pe-ris , Tu-o vef- ti- ri
lu-mi- ne. A- men.

Profe pour le jour des Rois.

nu-mi- ni , Myrrham donaht ho- mi-ni , Auro
Rex agnof-citur. ℣. Nos Chriſto gra- tiſ- fi-
mam Offe- ra-mus victimam, Men- tis facri- fi-
ci- um. ℣. Aurum pro- mat cha-ri- tas , Myrrham vi- tæ fancti- tas : Thus fint vo- ta cordi-
um. ℣. Regna , Chriſ-te , cor- di-bus , Vi-vat
ex o- pe- ri-bus Fi-des, quâ nos mu- ne-
ras. ℣. Apud nos fac ma-ne- at , Et il-
læ- fa lu-ee- at Uſque gen- tes ex-te-
ras. A- men.

Profe pour le jour de l'Ascension.

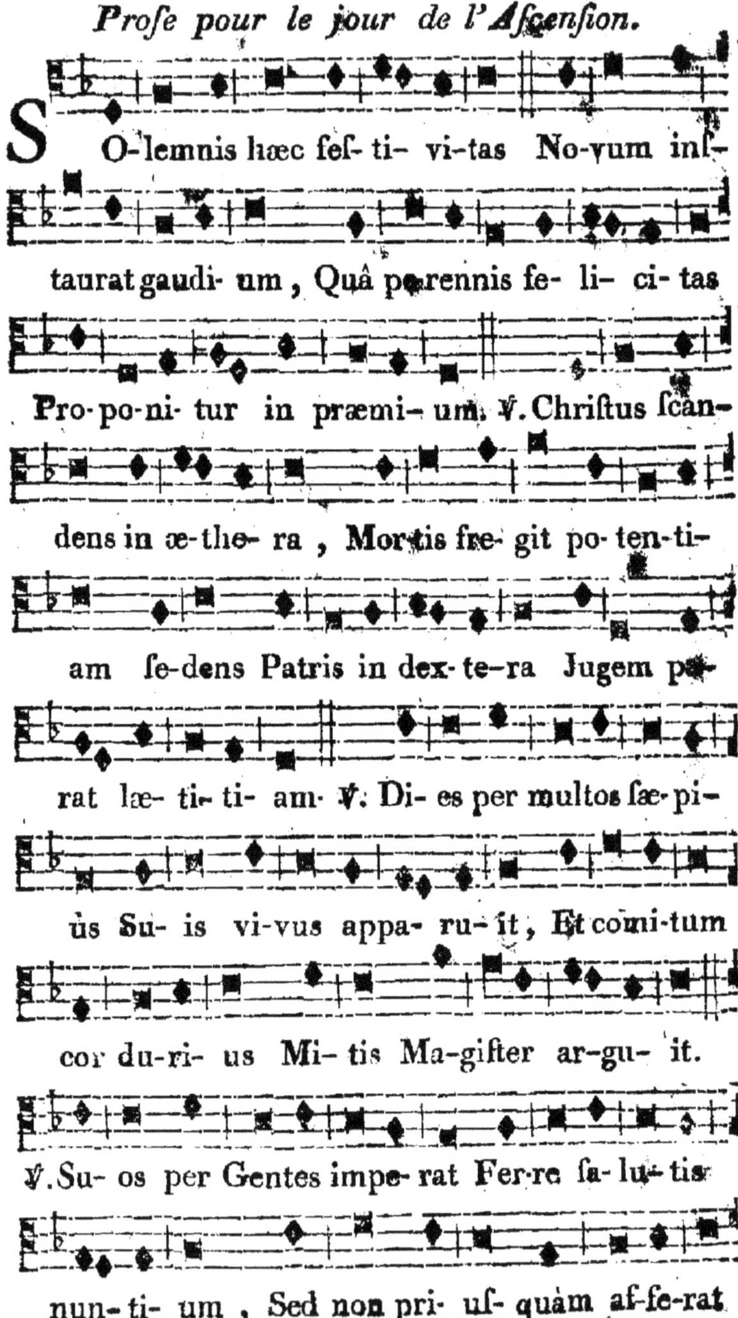

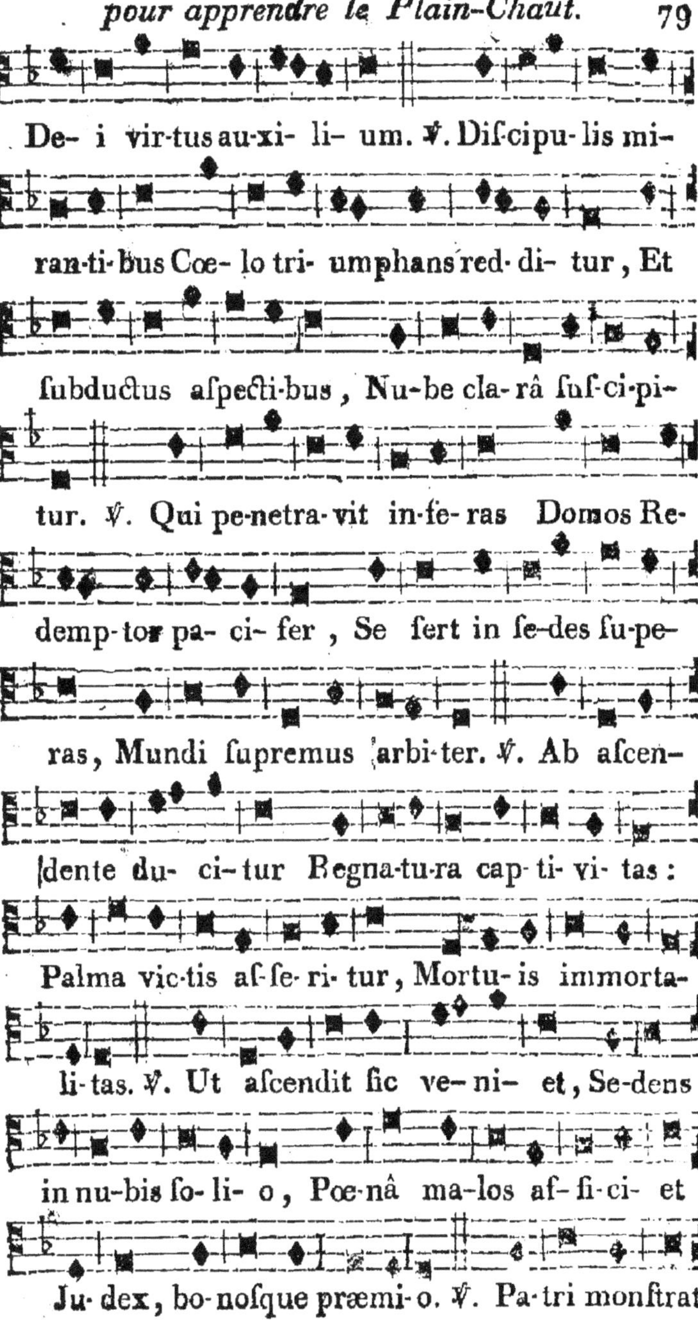

De- i vir-tus au-xi- li- um. ℣. Dif-cipu-lis mi-
ran-ti-bus Coe- lo tri- umphans red- di- tur, Et
fubductus afpecti-bus , Nu-be cla- râ fuf-ci-pi-
tur. ℣. Qui pe-netra-vit in-fe-ras Domos Re-
demp-tor pa- ci- fer , Se fert in fe-des fu-pe-
ras, Mundi fupremus arbi-ter. ℣. Ab afcen-
dente du- ci- tur Regna-tu-ra cap-ti-vi- tas :
Palma vic-tis af-fe-ri-tur, Mortu- is immorta-
li-tas. ℣. Ut afcendit fic ve-ni- et, Se-dens
in nu-bis fo- li- o , Poe-nâ ma-los af-fi-ci- et
Ju- dex, bo-nofque præmi-o. ℣. Pa-tri monftrat

af- fi- du- è , Quæ dura tu· lit vul-ne-ra : Et

fic pa- cis perpe- tu- æ No-bis e-xo-rat foe-

de- ra. ℣. Nunc a-ni- mis ac-ci- pi-te Pa-ra-

tum cœlo præmi- um , Ut membro-rum cum

ca - pi-te Sit arcti- us con-forti-um. ℟ Quos

hic orpha-nos de- fe- ris , Je- fu , ref-pi-

ce cœ- li-tùs : Mit- te no-bis è fu-pe-ris

Pro-mif-fi do-na Spi-ri- tùs. ℣. Ti- bi de-

vo-tis men- ti-bus , Per te lu- cefcat ve- ri-

tas , Per te fuccen-fis cordi-bus ; Di- vi- na

flagret cha- ri-t as A- men.

Profe

Profe pour le jour de l'Affomption de la fainte Vierge.

L

℣. Quis per Matrem Fi-li- um Ro-ga- vit au-
xi-li- um, Et do-na non re-tu- lit ? ℣. Virgo
coe-lo cel- fi- or , Ange- lifque pu-ri- or, No-
bis fis pro-pi-ti- a. ℣. Regnet in pec-to-ri-
bus, Regnet in o-pe-ri-bus , Quâ di-ves es
gra-ti- a. ℣. Te to- ta Gens obfecrat , Ti-bi
fe Rex confecrat , Et fu- um impe-ri- um.
℣. Ser-va Re-gem Gal-li- æ , A-ma di-ci
pa-tri- æ , Tu-tum patro- ci-ni- um.
A- men.

Profe pour le jour de la Touffaint.

o , Et cœ-lo pu- ri- or , Ple-na Ilat gra- ti-

a. ℣. Va-tes cum Pa-tri-bus An-ti- qui

foe- de- ris , Cum cœ-li ci-vi-bus , Æ- ter-ni

mu-ne- ris Gau-dent par-ti- ci- pes. ℣. Quo-

rum e- lo- qui-is Cre- vit Rel- li-gi- o, Bif-

fe-nis fo-li- is , Sancto col-le-gi- o Af-fi-

dunt prin- ci- pes. ℣. Cœ- tus qui per-tu- lit

For-te Marty- ri- um , Quam De-us de- tu-

lit , Fert mortis præ- mi- um , Palmam vic-

to-ri- æ. ℣. Quondam præpo- fi-ti Pafcendis

popu-lis , Po-tan-tur po- fi-- ti Ple- nis in e-
pu- lis Torren- te glo-ri- æ. ℣. Doc-to-res lu-
ci- di , Vic-tis er-ro- ri-bus , In De- o pla-
ci- di Pu- ris de fonti-bus Ve-rum exhau-ri-
unt. ℣. O- lim in la-cry-mis Qui fe-men mi-
fe- rant , Læ- tis nunc a- ni-mis. Quos confe-
ru- e- rant Fruc-tus ex-ci- pi- unt. ℣. Junctæ
Vir-gi- ni-bus , Pu- di- cæ Fe-mi-næ , Al-bis
cum vef-ti- bus , Currunt in agmi- ne Ad A-
gni nup- ti- as. ℣. Omnes in lu- mi- nis Im-

mer- fi flumi-ne , Ter fancti Numi-nis Pe-
ren-ni carmi-ne Can-tant de- li- ci- as.
℣. Vef- tris fuc-cur-ri- te : O Sanc-ti, fi-
li- is ; Ad por- tum du- ci- te Quos nof-
tis me- di- is Luc-ta- ri fluc- ti- bus.
℣. Per vos ex- pof-ci-mus , Ut qui vos
mu- ne- rat De- us Al-tif- fi-mus, In nof-
tris in- fe-rat. A-mo- rem cor- di- bus.
A- men.

Profe d'un Patron.

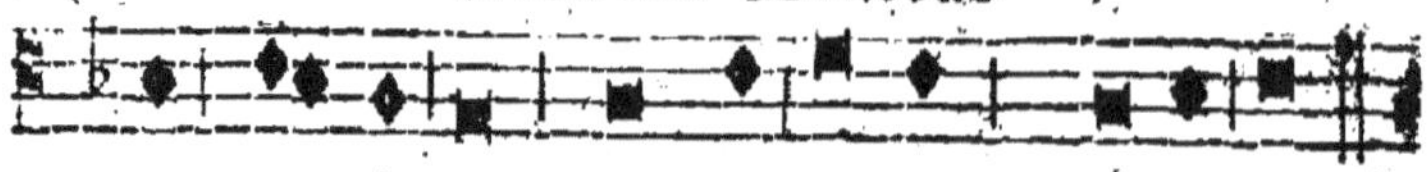

ta pan-di-tur , Et in-ce-dunt præ-vi- i.

℣. Nos ad bo- num pro-vo-cant , Et à ma-

lo re- vo-cant, Cùm er-ra-mus de-vi- i.

℣. Non fa-tis eft co-le-re , De-cet nos ex-

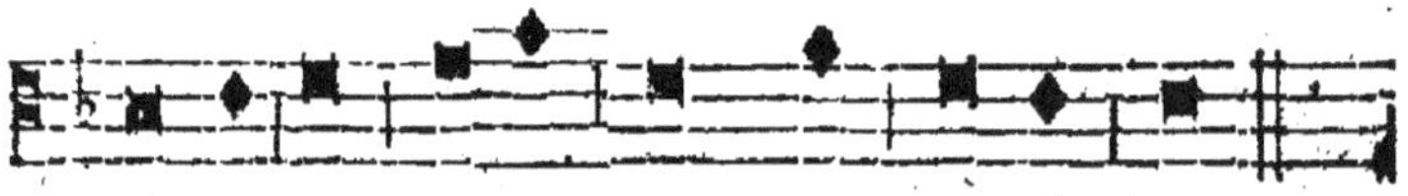

pri-me-re , Vir-tu- tes quas ex-hi- bent.

℣. Quidquid ve-tat cha-ri- tas , Quidquid o-

dit fancti-tas , A- ma-re nos pro-hi-bent.

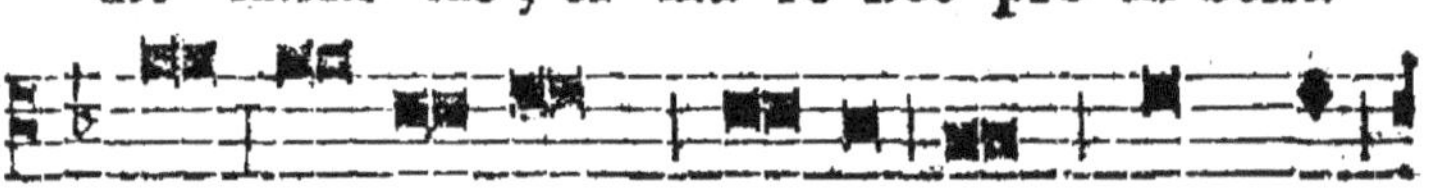

te em   em
℣. O Sanc-ti quos co- li-mus, Quos de-
ta am   am

dit Al-tif-fimus, Ad firmum fub-fi-di- um.

℣. Do-na

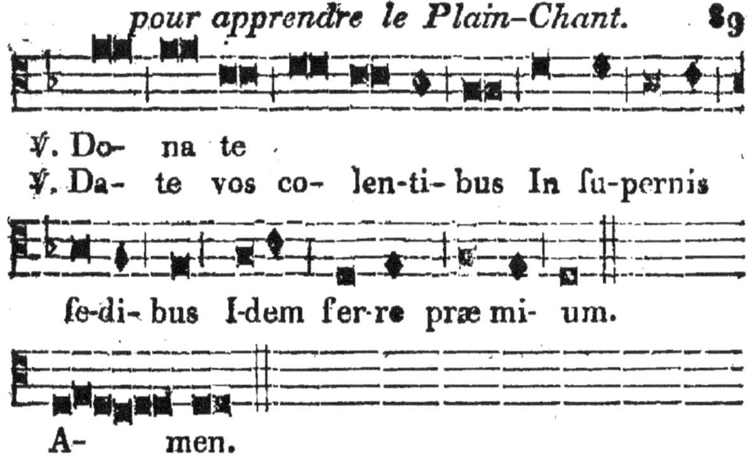

Voilà les fix Profes nouvelles. On fe flatte qu'on ne fera pas fâché de les avoir.

La Profe de Noel eft du fecond ton tranfpofé.

Celle de l'Epiphanie a pour dominante *ut*, par conféquent elle eft auffi du fecond ton tranfpofé, quoique la finale foit l'*ut* même.

Celle de l'Afcenfion eft du cinquieme ton.

Celle de l'Affomption eft du premier.

Celle de la Touffaint eft du fecond tranfpofé.

Enfin, la Profe d'un Patron eft du cinq.

Tout ce qu'on peut dire des Profes, elles font belles, mais communément affez irregulieres; en forte que la plupart font mixtes, c'eft-à-dire de deux tons tout-à-la-fois.

On avertit que pour les tons des Pfeaumes, quant à leur intonation, médiation & terminaifon, on doit s'en rapporter à ce qui eft marqué à la fin du Bréviaire, & non à la fin de l'Antiphonaire.

Nous avons dit que les tons pairs ne doivent monter qu'une quarte au-deffus de leur dominante, ce qui eft réguliérement vrai du fecond, quatre & huitieme. Pour le fixieme, il monte quelquefois à la quinte au-deffus : comme il ne défcend

M

pas au-deſſous de l'*ut*, il ſemble qu'il peut avoir autant d'étendue que le premier, rien ne doit en empêcher.

Voilà ce que nous avions à dire dans notre nouvelle Méthode. Nous croyons avoir ſuffiſamment inſtruit le Public au ſujet des nouveaux Livres de chant de ce Diocèſe, du changement qui s'y eſt fait, & de la maniere dont on s'eſt comporté dans leur compoſition.

F I N.

Nous, ſouſſigné, Vicaire-Général de Son Eminence Monſeigneur le Cardinal CAMBACERÈS, Archevêque de Rouen, & Chanoine Grand-Chantre de l'Egliſe Métropolitaine de Rouen, certifions avoir corrigé les premieres épreuves de cette Méthode du Plain-Chant.

Rouen, le 20 Janvier 1817.

MALLEUX.

TABLE

DES PARAGRAPHES.

TABLE.

Fin de la Table.